ぼくら「昭和33年」生まれ

「同級生」集合、みんなの自伝

四家秀治
yotsuya hideharu

言視舎

Born in April 2,1958-April 1,1959

はじめに

われわれ昭和33年度（1958年度）生まれは、今年度中に還暦を迎える。

本書は、そんなわれわれの〝集団的〟自伝である。われわれの代表選手というべき「同級生」たちの活躍を追うと同時に、われわれが感じてきた60年間を記述した〝60年史〟でもある。

なお、**本書の「昭和33（1958）年」生まれは、昭和33年4月2日生まれから翌年4月1日生まれを指す。〝同級生感覚〟**を優先させていただいた。ご了承いただきたい。

われわれ前後数年間（6年間）の世代は、太平洋戦争後最も人口の少ない「**断層の世代**」とも呼ばれている。

厚生労働省の統計によると、出生数は

1957年156万6771
1958年165万347
1959年162万609
1960年160万6004
1961年158万937

1962年161万862
(単位はいずれも10人)である。

戦後1947年から1980年生まれの中で、この「断層」6年間はもっとも出生数の少ない文字通り「断層」なのである(丙午の1966年を除く。蛇足だが、「断層」より出生数が多い最後の年1980年が、プロ野球界でよく言われる「松坂世代」である)。

戦後の第1次ベビーブームである1952年までは、毎年200万人以上が出生していて、いわゆる「団塊の世代」である1947年~49年の3年間に限れば毎年260万人以上が出生している。「団塊の世代」はわれわれ「断層の世代」より年間出生数が約100万人も多いのだ。

また、第2次ベビーブームと呼ばれる71~74年の4年間も毎年200万人を超えている。

しかし、その後は減少に転じる。1981年以降になると、われわれ「断層」世代で最も少ない57年(156万)より出生数の多い年はない。「少子化」はここから始まったといえよう。

われわれよりおよそ10年先輩の「団塊の世代」が還暦を迎えた頃は、そのことについて世の中が結構騒がしかった。しかし、われわれについては何も言われない。そりゃあそうである。ボリュームが圧倒的に違う。「団塊」の方々は競争が激しく大変だっただろうが、10代から還暦まで、いや古希になろうとする今に至っても、常に社会の多数派ゆえの〝主役〟であった。一方われわれは少数派であり、〝脇役〟いや〝端役〟かもしれない。

しかし、少数派でも質で負けているとは思わない。何かを成し遂げた偉人は「団塊」の世代に負けないほど多い。彼らと「同級生」であることはわれわれの自慢である。その一例を紹介したのがこの本なのである。

ただし、私と編集部の知見には限りがある。〝実業〟の世界についてはふれていないなど、人選について異論はあるだろうし、紹介した「偉人たちの業績」はごく一部である。かなり偏った本であることをあらかじめお断りしておく。

また、本書に登場する同級生に対しては全編〝タメ口〟感覚、敬称略であるが、同級生は常にフルネームで表記させていただいた。それはすべて同級生への親愛と敬愛の情に基づくものだということをご理解願いたい。

東京タワー、1万円札、インスタントラーメン……、高度成長経済の下で大きくなっていった私たち。誇るべき同級生とその時代について語りたい。

なお、本文中［補注］とあるのは、言視舎編集部杉山尚次の執筆。

欄外の年齢は、小学校～高校時代※を除いて、当該年の満年齢を表示した。

※小学校1965～1971年［6～12歳］／中学校1971～74年［12～15歳］／高校1974～1977年［15～18歳］

2018年9月　著者

ぼくら「昭和33年」生まれ　目次

第4章　昭和の終わりまで　103

序章1

「花の中3トリオ」と同級生です

中学校1971（昭和46）年［12歳］〜1974（昭和49）年［15歳］

われわれが、「自分の世代」を意識したのはいつのことだろうか。それは「同級生」が社会で活躍するのを初めて観たときではないだろうか。つまり、テレビの中に自分と同い年の人間が出ているのをみて、「自分たちの学年」が学校だけの存在ではないことを知ったのではないか、そういう仮説を立てることができる。

私にとっては、**森昌子**が出現したときがそれだった。私より2カ月ほど遅く生まれた同じ中学2年生が連日テレビで歌っているのを見たとき、「世間」が急に近づいてきたような感じがした。というのも、それまでテレビに出てくるのはほとんどが大人であり、あとは年齢不詳の子役か、出現し始めたアイドルは基本的にオネーサンだったからだ（オニーサンにはあまり興味はなかった）。

▼日曜の午前中「スター誕生」の記憶

日本テレビで1971年10月、画期的なオーディション番組が始まった。「**スター誕生！**」である。しかしながら当初、私はこの番組を知らなかった。

その第1回決戦大会で最優秀賞を受賞し、この番組からの歌手デビュー第1号が**森昌子**だったのである。72年の7月に発売されたデビュー曲「**せんせい**」は、爆発的なヒットになった。昭和33（1958）年度生まれの中で、私の知る限り森昌子は最も若くして全国に名前が知れわたった人物である。

「スター誕生！」を知らなかったのだから、森昌子の「スター誕生！」出演時の頃ももちろん観ていない。やがて日曜午前11時から放送されているのを知って、その時間に在宅ならば観るようになったとき、司会は萩本欽一が務めていた。だから、スター誕生＝萩本欽一司会と、私は思っていた。しかし、12年ほど続いたこの番組、80年代になると谷隼人&タモリ、坂本九&石野真子、西川きよし&横山やすしという司会の時代もあったようだ。

だが、そういう歴史はあったとしても、「スター誕生！」といえばやはり司会は萩本欽一でないとしっくりこない、と思うのはおそらく私だけではないだろう。

さて、「スター誕生！」の歴史はともかく、森昌子はデビュー後数カ月であっという間にスター歌手となった。そのずば抜けた歌唱力には驚愕したし、また、「**あなたのクラスメート**」なるキャッチフレーズ通り、芸能人っぽいところが全くないのもよかったのだろう。

▼70年代初頭の歌謡界

ここで、とりあえずこの時代の歌謡界を簡単におさらいしておく。

前年、天地真理、小柳ルミ子、南沙織という新時代の女性スターが現れ、それまでの大人っぽい女性歌手たちが席捲していた歌謡界は転換期を迎えていた。それは男性歌手も同様で、郷ひろみ、西城秀樹、野口五郎の新御三家も、野口が71年、郷、西城が72年にデビューしていた。そして、この頃から若手スターはアイドルと呼ばれるようになる。

そういう状況下で、森昌子はデビューしたのだ。年齢も圧倒的に若く、醸し出す雰囲気も、ファンだった方には失礼なのを承知の上で言わせていただくと、およそアイドルではなかった。一般的にアイドルと呼ばれた女性第1号歌手は71年デビューの南沙織なのだが、森昌子はその対極にいるタイプの実力派歌手（南沙織が実力がないという意味ではない）であった。

森昌子にとって、当時の芸能界の状況が心地よかったかどうかは知らない。しかし、どうも本人の意思ではなかったらしいのだが、わざわざオーディション番組の「スター誕生！」に出て、そこで評価され、華々しくデビューを飾り、一気にスター街道に乗ってしまったのだ。本人からは心地悪いとは口が裂けても言えなかっただろう。

森昌子の勢いは2曲目「**同級生**」3曲目「**中学3年生**」くらいまでは続き、学園モノシリーズとして相当なヒットになった。その後も続々シングルは発売されたが、ヒットチャートの上位とは次第に縁遠くなる。芸能人っぽくない「あなたのクラスメート」は、最初は新鮮でも1年も経てば飽きがくるのは当然。身近にいるホンモノのクラスメートのほうがいいと皆が感じ始めたかどうかは知らないが、歌唱力はあるので歌番組には結構出ていたものの、4曲目以降は曲名も思い出せない。

そもそも森昌子の人気は、われわれ同年代も含めた若者が支えていたとはどう考えても思えないのだ。統計をとっていないからわからないが、たぶん、森昌子のレコードを購入していたその多くの世代は、歌謡曲好きのおっちゃん、おばちゃんだったのではないか?

その後しばらく、森昌子はヒット曲には恵まれない実力派歌手になっていく。彼女が大人の演歌歌手として世間一般から再び支持を集めるのは、80年代の**「哀しみ本線日本海」「立待岬」「越冬つばめ」**といったあたりだ。10年近くの間、森昌子は忍耐を強いられたといえるだろう。

ただ、NHKではその実力が評価されていたらしく、紅白歌合戦にはデビュー2年目の73年から森進一と結婚、引退する前年の85年まで13年連続で出場している。

森昌子は出産、離婚を経て、現在は芸能界にカムバック。歌手として再度がんばっている。その間、何度か体調も崩し、全盛期のイメージと現在とでは正直のところかなりのギャップがあるが、**「昭和33(1958)年度生まれ」の先頭を切って走り続けた**彼女の功績が薄れることは永遠にない。

▼桜田淳子は73年デビュー

森昌子の出現以降、「スター誕生！」はわれわれ世代にかなり深く関わってくる。

森昌子の人気に早くも陰りが出始めた73年、「スター誕生！」から**桜田淳子**がデビューする。決戦大会では史上最高の25社から獲得の意向を示すプラカードが上がったそうだ（華々しいけれど、よく考えると残酷なシーンだったとは、音楽評論家の富澤一誠の言葉『あの頃、この歌、甦る最強伝説』2018年）が、私はこの桜田淳子出演の決戦大会も観ていない。

デビュー曲「**天使も夢見る**」と2曲目「**天使の初恋**」では、当時**エンジェルハット**と名付けられたキャスケットを被ってさかんに歌番組に出演した。彼女はキャッチフレーズも「**そよ風の天使**」。なんでもかんでも〝天使（エンジェル）〟で、明らかに森昌子とは違った売り出し方だ。そのビジュアルと、清純な女子中学生のイメージを前面に押し出し、かなりの支持を集めるようになるが、この2曲目まで、レコードがあまり売れていない。

71年から始まったアイドル新潮流の勢いはすさまじかった。今となっては70年代アイドルの語り部的な存在になっている麻丘めぐみが、72年新人賞レースを森昌子と激しく争った末レコード大賞最優秀新人賞を受賞し、73年も大活躍。アグネス・チャンは72年暮れ、浅田美代子も73年にデビューし、この2人もあっという間にスターになっていった。

そんな時代だから、「スター誕生！」で史上最高数の獲得の意向を示すプラカードが上がった有望新人であっても、秋田から出てきたばかりのまだまだ洗練されたとは言い難い小娘のような桜田淳子が、イメージ作りのためにエンジェルハットを被ったぐらいでは「かわいい」と言われることはあったかもしれないが、当初一般的な認知度までは、高まらなかった。**「天使シリーズ」には限界があった**ということだろう。

桜田淳子の成功は何といっても3曲目の「**私の青い鳥**」で出来上がったイメージに負うところが大きい。

メロディラインはともかく、いきなりクックククックである。「な、なんだ、この歌は！」と視聴者に強烈な印象を残したのだ。歴史をいい加減に語る歌番組などでは「桜田淳子のデビュー曲」と間違って紹介されることも少なくない「私の青い鳥」は、桜田淳子にとって初のヒット曲だった。この曲によって、彼女は新人賞レースで猛烈な追い込みに成功。73年**レコード大賞最優秀新人賞**を受賞することになる。

▼「花の中3トリオ」

この73年、桜田淳子の後に、単なるアイドルとしてだけでなく、歴史に名を残すスターが「スター誕生！」からデビューした。言わずと知れた**山口百恵**である。

どうでもいいことだが山口百恵の「スター誕生！」出演時のことも私は知らない。

彼女も桜田淳子同様、デビュー曲「**としごろ**」がパッとしなかった。売れ出したのは、何をされてもいいという歌詞の際どさをウリにしたとしか思えない2曲目「**青い果実**」からである。

この歌詞を無表情で抑揚なく歌うところが、ウケた理由であろう。この曲で山口百恵は一気に知名度がアップするが、桜田淳子と違い、デビュー年の73年は新人賞レースには少々乗り遅れ、1年目を終える。しかし、その大人びた雰囲気はすでに独特のオーラを放っており、翌年以降のブレイクは十分予想された。

▼**［補注］**　ベテラン音楽評論家の証言によると、山口百恵は物凄く頭の切れた人物らしい。先のような歌詞を中学生が歌うことについて、にやにや笑いながら質問する無神経な記者がいたらしいのだが、山口百恵の返しの言葉。「じゃあ、うかがいますけど、映画の中で殺し合いをやってる人たちっていうのは、そういう経験があるんですか？」（『相倉久人にきく昭和歌謡史』相倉久人・松村洋、２０１６年、アルテスパブリッシング）

そして、山口百恵はデビューの時期では少し先輩となる「スター誕生！」出身の森昌子、桜田淳子とともに一括りにされる。

こうして誕生したのが――

「**花の中3トリオ**」である。

しかし、簡単に振り返っただけでも、この3人、まるで売り出し方が違うことにちょっと笑ってしまう。わかりやすいといえばわかりやすいのだが、自らスターになりたいと思って飛び込んだ芸能界とはいえ、3人が所属する芸能事務所（森昌子と山口百恵は同じホリプロ、桜田淳子はサン・ミュージック）の売り出し方に、この年齢でそれぞれ応えなければならないのはさぞ大変だっただろうと思う。

彼女たちのように中学生時代からその名が全国に知れわたる現象は、芸能界以外ではあまりない。他では、将棋界での藤井聡太のような天才出現パターンと、スポーツ界で時折見かけるくらいだろう。1992年のバルセロナ・オリンピックでの岩崎恭子しかりである。フィギュアスケートや体操などの採点競技ではそんなに珍しくないともいえる。

しかし、芸能界でも中学生を1人ならともかくグループでもないのに〝トリオ〟で括ってスター、あるいはスター候補扱いするなど滅多にあるものではない。

無論、グループである「AKB48や乃木坂46だって全国区だ」などという主張は無意味だ。彼女たちの顔と名前は老若男女の内の「若」ならひょっとしたら一致させることができる有名人かもしれないが、「花の中3トリオ」は、「スター誕生！」から出てきた3人としてのトリオではあっても、3人とも独立した1人の歌手である上に、顔も名前も中3の時点で全国の老若男女ほぼすべてに知られていたのだ。

それでもまだ「時代が違う」と反論する向きもあるだろう。

では、全員14～15歳にして「トリオ」と括られたスター、あるいはスター候補など他にいるだろうか？

▼「3人組」の頂点

「花の中3トリオ」以降で、一番強く印象に残る3人組は**「角川3姉妹」**あるいは**「角川3人娘」**と称された薬師丸ひろ子、原田知世、渡辺典子だと思う。

薬師丸ひろ子、原田知世がデビュー時中学生だったのは確かにインパクトがあった。だが渡辺典子はデビューしたときすでに高校生だった。この時点で軍配は「花の中3トリオ」だ。さらに〝姉妹〟だから3人の年齢がバラバラなのはいいとしても、デビューの順番と年齢が違う。つまり渡辺は原田より年上なのに原田のデビューのほうが先で、渡辺は「角川3姉妹」の3番目のデビューだから3女という扱いだ。これだと年齢上は矛盾である。「角川3姉妹」がいつの間にか「角川3人娘」になってしまったのはこういった理由からなのだろうと思うが、どうもこのあたりもしっくりこない。残念ながら生い立ちからしても「花の中3トリオ」以上にはなれなかったと考えるのが自然だろう。

過去に遡ってみよう。

「日活3人娘」と言われた吉永小百合、松原智恵子、和泉雅子の大女優3人についてはどうか。まず和泉雅子だけ年齢が若い。和泉は劇団に入っていたので、10歳から子役として活躍していて日活映画初出演は14歳の時だ。吉永小百合もラジオドラマのデビューは中学生の頃で、ほどなく15歳で日活映画に初出演している。もう一人の吉永と同い年である松原智恵子は高校生になってから日活が行なった「ミス16歳コンテスト」で入賞したのがデビューのきっかけだから「日活3人娘」と呼称されたとき、年齢は「花の中3トリオ」よりかなり上だった。

中尾ミエ、伊東ゆかり、園まりの「スパーク3人娘」も相当強烈だが、伊東ゆかりの11歳で歌手デビューというおそるべき実績はあっても、これまた3人とも年齢が違う。しかも園まりのデビューは18歳と遅すぎる。

やはり、若く、しかも「3人が同年齢」というのはなかなかむずかしいのである。

その点、美空ひばり、江利チエミ、雪村いづみの「元祖」とも呼ばれる「3人娘」は、同い年の1937年生まれ（厳密にいえば江利チエミ、雪村いづみは1937年の1月と3月に生まれているから学齢でいうと美空ひばりが1つ年下）で文字通り「花の中3トリオ」の大先輩格的な存在である。さすが元祖だ。

それでも……、12歳で天才少女歌手としてデビューの美空ひばりは驚異であり、江利チエミもまた天才少女と言われ15歳になったばかりでデビューしているが、3人の中で一番遅い雪村いずみのデビューは1953年4月だ。このとき彼女はすでに高校2年の年齢に達している。しかも彼女たちが「3人娘」といわれたのは1955年頃のこと。皆18歳になっている。この偉大な「元祖3人娘」でも3人組としての括りの年齢で「花の中3トリオ」には遠く及ばないのだ。

つまり「花の中3トリオ」はほとんど奇跡に近い3人組であり、われわれ世代にとって誇るべき存在なのである。まあ、ネーミングは今風でいうところのあまりにも直球だが、それもまたヨシだろう。

もちろん、それはテレビ番組「スター誕生！」ありきで出来上がったもので「スター誕生！」という番組そのものの威力も感じる。だが、「スター誕生！」はその後10年近くも続きながら、ついに「花の中3トリオ」以上のものを生み出すことはなかった。だから「花の中3トリオ」は決して「スター誕生！」の威力だけで成立したものでもないのだ。

もう一度言おう。

われわれの同級生である「花の中3トリオ」はすごかったのである。

▼「花の中3トリオと同じ世代です」と本音

話は飛ぶが、社会に出てから、初対面の人に自己紹介をするとき、年齢の話になって「花の中3トリオと同じ世代です」と言うと、それだけで説明がついた経験はないだろうか。私は、これを随分使わせてもらった。そこから話をとても広げやすいのだ。さすがに近年、若い世代の人たちには使いにくいが、それでも「ああ、それ、母から聞いたことがあります。え～と山口百恵さんでしたっけ」などという反応があったりして話題のきっかけになる。つまり「花の中3トリオ」が存在したおかげで、社会生活を営む上でも随分助けられてきた。そういう意味でもわれわれは彼女たちに感謝しなければいけないのかもしれない。

冒頭でも述べたが、彼女らがいたことでわれわれは世代を、つまり「昭和33年度生まれ」ということを、15歳の頃から意識させられたような気がする。これは**他の世代にはない感覚**なのではないだろうか？　だが、それと同時に「なぜ同級生の彼女たちは毎日のようにテレビに出演して歌っているのだろう？　まだ義務教育も終わっていないのになぜ？」という感情が湧いたことも確かだ。もっと付け加えるなら「中3ならテレビばっかり出ていないで少しは受験勉強もしろよ！」そんなふうにも私は思っていた。正直に言おう。彼女たちがすごかったのはわかるが、私（たち）は**彼女たちにアイドルとしての魅力を感じていなかった**のだ。当時、アイドルといえば天地真理以下、前述したお姉さま世代がその主な対象だったのではないだろうか。少なくとも私の周りはそうだった。

私は麻丘めぐみ派で、それは私の通っている中学では最大派閥でもあった。南沙織派を押しのけ、徐々に勢力を伸ばそうとしていた浅田美代子派、アグネス・チャン派などを凌駕していた。麻丘めぐみと同年デビューの山口いづみや小林麻美、さらには73年歌手デビュー組からは水沢アキのファンを名乗る同級生もいた（皆さん、忘れていませんか？　山口いづみ、水沢アキはアイドル歌手だったんですよ！）。でも、まあこうしていろいろな名前を挙げると、「花の中3トリオ」は妙に子どもっぽく感じられる。そして、中3男子があこがれの対象とするのが年上なのはごく普通の心理かもしれないとも思える。それに同じ中3なら身近にもっと魅力的な女の子はいくらでもいたのである。

▼［補注］　この見解に同意する人は多いだろう。われわれにとって彼女らはアイドルではなかった。ただ、ここらで消えず、その後それぞれの底力を発揮していくことになるのは、昨今の「集団ちゃん」たちと違うところだ。

※蛇足だが、麻丘めぐみさん（この人だけここからはさんづけです。ごめんなさい！）に関して言えば、彼女の引退後、一旦はファンを辞めざるを得なかった私だが、芸能界復帰後は私もファンとして復活し、今もファンクラブに入っている。彼女の55歳のバースデーパーティでは恥ずかしながら司会も仰せつかった。しかし、そのとき感動する気持ちを私はどうしても抑えきれなかった。冒頭、感涙にむせんでしまうという失態を演じてしまったのだ。たぶんそれが理由なのだろう。その後司会のお声はかからないが、麻丘めぐみさんを天女のように思っている私にとって、そんなことはどうでもいいのだ。

序章2

巨人V9とわれわれの義務教育はぴったり重なる

義務教育1965（昭和40）年［6歳］～1974（昭和49）年［15歳］

われわれが覚えている最も古い総理大臣は誰だろう。私は眼鏡をかけた池田勇人総理が国会で演説している姿をなんとなく覚えてはいるが、ほとんどの人は佐藤栄作からなのではないだろうか。東京オリンピック終了とほぼ時を同じくして病気のため退陣した池田勇人の後で佐藤栄作が総理大臣になったのは1964年11月。

われわれが小学校に入学する5カ月ほど前のことだ。そこから4選（72年まで）、異例とも思える長期政権だったのだから、「総理大臣は佐藤栄作」と義務教育で習ったような感じさえある。佐藤政権とその後については後に述べるとして、その頃日本のプロ野球といえば、それはほとんど巨人のことを指しているようなものだった。そして、人気があって強い巨人の象徴が1965年から9年間にも及ぶ日本一であることは言うまでもない。

「巨人V9」の一言で近年は片付けられてしまうが、その9年間、ちょうどわれわれは小学校から中学校の義務教育を受けていたことに、同級生諸君は気づいているだろうか？　巨人は15年も20年も続けて日本一になったのではない。続いたのは９年間だった。それとて気の遠くなるような長期間だったように思うが、**われわれの義務教育の９年間、巨人はずっと日本一**だったのだ。もちろんこういう世代はわれわれだけだ。

「総理大臣＝佐藤栄作」を義務教育で習ったようなものと表現したが、巨人Ｖ９は義務教育とそのまま重なる。「野球＝巨人」。戦前の軍国主義教育とは比べ物にならないとはいえ、なんとも偏った「刷りこみ」を私たちは受けてしまったのである。

今更繰り返すまでもないが、プロ野球の話題といえば巨人一辺倒、少なく見積もっても巨人中心だった。テレビのスポーツニュースも今より格段に時間が短く、映像を伴って放送されるのは大概「その日の巨人戦」だけで、あとの試合は字幕で結果だけが紹介される形式だったことを覚えている方も多いだろう。巨人戦だけ映像付きで放送されるのは、12球団で構成されるのが日本のプロ野球なのだからおかしいはずなのだが、それがあたりまえのようになっていた。テレビのプロ野球中継がほとんど巨人戦しかなかったことについては言わずもがなである。このような状況について私のような違和感を持っていた人も少なくはなかったと思われるが、それで視聴率が好調なのだからテレビ局としては何も変える必要などなかったのだ。まさに「野球は巨人、野球＝巨人」である。

それを幸せと思うか不幸と思うか、言い換えると常勝巨人を幸せと思うか不幸と思うかは個人の自由である。私は基本的にパ・リーグ、特に南海、西鉄を応援していたので、少なくとも幸せではなかった。

▼『巨人の星』をめぐる伝説

その巨人最強時代を後押しするかのように絶妙のタイミングで世に出てきたのが『**巨人の星**』(コミック：66年、TVアニメ：68年)だ。コミック、アニメともに大ヒットするこの作品は、巨人礼賛と昭和の浪花節的男の友情、純情を全編に散りばめ、われわれ世代とその前後に与えた影響力はかなりのものがある。多くの少年たちに「巨人絶対!」の宗教にも似た感情を植え付ける役目も少なからず果たしたであろう。私も巨人に興味はないくせに『巨人の星』は愛読した。星一徹と飛雄馬の〝巨人の星〟を目指す尋常とはとても思えない日々、花形満、左門豊作らとのライバルストーリーに嵌り、連載されていた週刊少年マガジンは発売日に書店で必ず立ち読みし、コミックは発売されると買ってもう一度読み返したものだ。アニメのほうは気が向いたら見るという程度だったから、今思い返すとそれだけ当時のコミック誌というのは現在よりもはるかに存在感があったということにもなりそうだ。

▼『巨人の星』は実在した

この作品については、そのリアルさでそれまでの野球マンガを刷新したという位置づけ等、物凄い数の評論が書かれている。ここでそれをトレースしても意味がないので、同級生的なエピソードをいくつか挙げておきたい。かなりの人間が「大リーグ(この言葉、死語になりつつある)ボール」養成ギプスを〝試作〟したのではないか。つまり、これも当時流行ったエキスパンダーという筋トレグッズ（マンガ誌の広告でおなじみ）を、なんとか飛雄馬のように腕にまきつけるべく、いろいろやってみるのである。で、ギプス化するのは到底無理なのだが、右投げの場合、左肩あたりで片方のグリップを持ち、背中を回して、シャドーピッチングにこぎつけるがやっとだった。その際、伸びたスプリングの隙間にいやっというほど腕の皮膚を挟み、痛い思いをした経験がある人は少なくないとみた。

われわれの世代が草野球をやっていて、よけたバットにボールが当たると「大リーグボール1号」と言うやつが必ずいたものだが、いまどきの草野球マンには〝通用〟しないだろう。

「大リーグボール2号＝消える魔球」はさすがに真似できなかったが、ベースの前に砂を投げ、消えるかどうか実験した人は少なくなかったはずだ。なにせ小学生だからね。ただ、「消える魔球」は野球盤上では、間違いなく「実在」していた。

▼60年代後半のスポ根ものについてもふれておきたい

この時期のコミック、アニメはスポーツ根性もの、いわゆるスポ根がはやった頃でもある。われわれ男子がハマったのが『巨人の星』なら、女子がハマったのは『**アタック№1**』（コミック：68年、TVアニメ：69年）であり『**サインはV**』（コミック：68年、ドラマ：69年）であったことに異論はないだろう。いや、女子も『巨人の星』は観ただろうし、われわれ男子も実写版の『サインはV』やアニメの『アタック№1』は観た。

野球にもバレーボールにも魔球が次々に現れ、バレーボールでは、信じ難いようなアタックが展開されもした。ありえないことはわかっていながらそれを観て楽しんでいた。ついでに言うとTBSの『サインはV』の枠では、この後、スポーツではないがやはり「根性」が前面に出た『**アテンションプリーズ**』が放送され（70年）、『サインはV』のジュン・サンダースは田村さんになった（これだけでわかる人はすばらしい！）。

その翌年、この放送枠には驚異のブームに乗ってボウリングのスポ根『**美しきチャレンジャー**』も放送され、私は全部観ていた。違う曜日にはフジテレビの実写版水泳スポ根『**金メダルへのターン**』（70年）もあった。週刊少女フレンドに連載された漫画の実写化だったが、今と違ってオリンピックでメダルどころか入賞も数えるほどしかない日本水泳界どん底時代にこんな作品が放送されたのだから、不思議といえば不思議である。他には『**あしたのジョー**』もあるのだが、これについては後述する。

とにかく、それまであたりまえのようにいた草野球をやる男子に対抗するかのように、この頃になるとバレーボールに興じる女子（女児）が急激に増える。これは2大バレーボールスポ根ものの存在なしには考えられないだろう。皆、鮎原こずえ（『アタック№1』）や朝丘ユミ（『サインはV』）になりたかったのだ。１９６４年に開催された東京オリンピックで東洋の魔女といわれた女子バレーボール日本代表（当時は全日本と称された）が金メダルを取り、日本で女子バレーそのものがこの時代に輝いていたことが『アタック№1』、『サインはV』が誕生した背景にあるのは容易に想像できる。

▼謎のゴム跳び

ところで、小学生の頃、多くの女子が興じていた今でも謎と感じる遊びがある。**ゴム跳び**である。当時、ほぼ日本全国でゴム跳びはされていたと私は勝手に認識しているが、それはほとんど60年代から70年代だけであり、80年代以降、見かけることはなくなったと思われる（間違っていたらゴメンナサイ）。そして、これは男子には無縁の遊びである。どういう遊びなのか？　同級生の女の子に聞くということがなんとなくためらわれたまま大人になったので、未だに私はよくわかっていない。それがそのまま、巷で見かけなくなったから余計に謎のままで気になっているのだ。

ゴム跳び消滅の理由の一つには、外でみんなで遊ぶことが少なくなったことがあろう。私は外の遊び、鬼ごっこも缶蹴りもかくれんぼも木登りも大好きだった。つまり友達同士で外でたくさん遊んだものだが、今の成人男女は30代ぐらいでも、外でみんなで遊ぶことはほとんど経験することなく大人になっていると想像できる。だからゴム跳びが消滅したのも不思議ではないかもしれないが、特にわれわれが子どもの頃、女子の遊びとしては最盛期であったと思われるゴム跳びは、私にとってはミステリアスな遊びなのだ。▼**［補注］**「ゴム跳び」はｗｉｋｉにも出ていて「謎」というのはちょっと憚れるが、男子にとっては謎めいたところは確かにあった。「ゴム段」と呼んだ地域もあるように、地域差もけっこうあるのかもしれない。補注者は、輪ゴムをつなげたものやゴムヒモを跳び越える遊びだと理解している。段々高さを上げていくのだが、ゴムヒモなので、足をひっかけさえす

れば、その高さをクリアできる。で、女子たちはスカートをブルマーのようにたくしあげて、それをやっていた。だから、しっかり観察すれば〝パンツ丸見え〟なのだ（やってません）。よってシャイな男は遠くから見て見ぬふりをしていた、ということではないだろうか。女子も高学年までやっていたのかは不詳。

第1章

誕生~小学校編――「高度成長」にのって

1958(昭和33)年[0歳]~1971(昭和46)年[12歳]

さて、ここで時計の針をわれわれが生まれた昭和33(1958)年に戻そう(※以下、元号表記を優先するか、西暦表記を優先するかは、その年によって違う。これは感覚的な問題なので、しっくりくるほうを優先させる)。

▼昭和33年はなんといっても長嶋デビュー

この1年は、戦後を象徴する出来事、ニュースがある。その一つが、野球でいえば**長嶋茂雄のプロ入り**である。今となっては信じ難いことだが、日本のプロ野球は戦前から始まっているにもかかわらず、この頃まで「職業野球」などと呼ばれ、学生野球、もっと言えば「東京六大学野球」のほうが華やかなイメージで、プロ野球は、人気の面でも劣っていたと聞く。

その図式を逆転させたのが昭和33年に巨人に入団した長嶋だと言われている。

長嶋は東京六大学野球の通算ホームラン記録を破り、プロ入り前からゴールデンボーイなどと呼ばれ、すでにスーパースターだった。プロ野球の開幕戦こそ当時国鉄スワローズのエース金田正一の前に4打席4三振に倒れたが、シーズンを通して見れば華々しい活躍で、1年目からいきなり打率3割をマーク、ホームラン、打点の2冠王に輝き、一気にプロ野球界でも本物のスーパースターになり、その後の巨人を中心とするプロ野球の大いなる発展に貢献することになるわけだ。

スポーツ関連でいえば、**国立競技場も完成**している。昭和39（1964）年に開催が決まった東京オリンピックのメインスタジアムはわれわれが生まれた年に出来上がったのだ。当時としては画期的な6万5千人収容のこの競技場では、陸上競技だけでなくラグビー、サッカーなどの様々な名勝負が繰り広げられ、戦後スポーツの「聖地」でもあった。新国立競技場をめぐるすったもんだは記憶に新しい。「改装すれば使える」という意見もあったと思うが、あっさり解体された。「スクラップ・アンド・ビルド」が好きな日本の象徴といえなくもない。2020年の2度目の東京オリンピックに向けて新国立競技場の工事は急ピッチで進められている。

昭和33年は、**東京タワーが完成**した年でもある。東京タワーはテレビ塔である。言い方を変えればわれわれこそが**テレビとともに成長してきた世代**なのだ。怪獣映画で壊されるのが定番の東京タワーは、昭和29（1954）年の『ゴジラ』第1作には当然のことながらまだ存在せず、これがないため東京が破壊される迫力に乏しかったと感じるのは私だけだろうか。

1万円札が発行されたのもこの年である。後の高度経済成長を象徴する出来事といって間違いない。

それから60年経った今も、図柄が聖徳太子から福沢諭吉に変わったとはいえ、最高額紙幣は1万円札のままだ。われわれは**1万円札とともに大きくなった**のだ。

最初の**インスタントラーメン**「チキンラーメン」もこの年発売開始。

それからこの年のブームとしては**フラフープ**があげられる。

「アメリカで大流行」と喧伝され、日本でもすぐに発売され、買い求める客で長蛇の列ができたという。戦後になって「アメリカで大流行→日本でも大流行」の第1号がフラフープだろう。それがわれわれの生まれた年、昭和33年だったのだ。後に「フラフープばかりやると腸ねん転になる」などという噂も流れ、それが元でブームは沈静化されたとも聞く。しかしその後、噂はウソであることがわかり、フラフープは復活、小学校の教育にも採り入れられたそうだ。

最近、フラフープを始めた中年女性が、当初これを回すことができず四苦八苦、知り合いの洋品店の若い女子に「回せない」とぼやくと、「私たちは小学校でやりましたから」と言われたと言っていたので、これは確かだろう。ちなみに回せない同級生は多いと思う。

そしてこの年の3月31日、**赤線が廃止**されている。これは、ある意味、戦後動乱期の終焉とともにわれわれの世代が生まれたことを意味している。

どんな年も、1年は365日か366日もあるのだからそれなりの動きはあるが、こうして見るとわれわれが生まれた昭和33年は、高度経済成長が本格化する年であり、日本の新しい時代の始まりを象徴するようなことがたくさん起こった年、ということはできよう。

▼昭和34年——少年誌創刊と皇太子ご成婚

少年誌の先がけである**『少年サンデー』**（小学館）と**『少年マガジン』**（講談社）は翌昭和34年の3月に創刊されている。われわれ世代で最も遅い同級生が生まれた頃、日本で初めての少年誌も産声を上げているのだ。小学校の低学年まで、『サンデー』や『マガジン』が読みたくてしようがなかったものだが、なかなか買ってもらえなかった。『サンデー』『マガジン』から4年後に創刊され今は廃刊となってしまった**『少年キング』**（少年画報社）派の同級生もいた（補注者がそうです）。

今年創刊50周年ということで、**『少年ジャンプ』**（集英社）がかなり巷の話題になっているが、われわれ世代にとってもそうだが、歴史的にも『少年ジャンプ』（昭和43［1968］年創刊）は（その翌年創刊の**『少年チャンピオン』**［秋田書店］も）かなりの〝新興少年誌〟〝後発少年誌〟だから、『ジャンプ』が少年雑誌の象徴というような表現がされていることには若干の抵抗がある。

また、昭和34年は当時の皇太子（明仁親王）と正田美智子様のご結婚で世間は大変な騒ぎになっている。いわゆる**ミッチーブーム**である。前述した『サンデー』『マガジン』創刊の少し前、特に昭和33年に、現存するほとんどの**一般週刊誌や女性週刊誌が次々に創刊**されているのだが、それはこの「世紀のご成婚」についての報道合戦がきっかけになっている。そうして昭和34年4月にめでたく「結婚の儀」が執り行なわれた。天皇皇后になられてから30年の時を経て、来春（2019年）退位される。それはちょうど「結婚の儀」から丸60年でもある。

ところで、王貞治の巨人入団は長嶋の翌年である昭和34年である。王が打者として開眼するのは一本足打法（フラミンゴ打法）を身につけ、ホームラン、打点の2冠王に輝くプロ入り4年目の昭和37（1962）年だ。そして王、長嶋の2人はON砲と称され、われわれが小学校に入学する昭和40年からの巨人9連覇に多大なる貢献をすることになる。

巨人V9については、本音としては振り返りたくもない。毎年、そのようなシナリオが出来上がっているかのようであり、勧善懲悪（巨人以外の11球団は悪者ではないのに）のドラマを観させられているかのようでもあった。

本来筋書きのないドラマであるはずのスポーツが、筋書きのあるドラマにされてしまっていたような不快感しかない9年間であったと言うに留めさせていただく。

多くの巨人ファンの同級生の皆さん、ご了承ください。巨人が強かったことだけは素直に認めています。

フラフープ大流行の2年後、昭和35（1960）年には**ダッコちゃん**ブームが巻き起こっている。黒人を思わせる女の子がウインクしているビニール製の人形で空気を入れて膨らませるというもの。ダッコされるような恰好で何にでも巻き付けられるからダッコちゃん人形で、とてつもない売れ行きだった。

これは日本発の製品であり、タカラが製造、販売した。ブーム自体は1年にも満たなかったそうだが、海外にも輸出された。フラフープもダッコちゃんもわれわれ世代にとっては、かすかに記憶にあるかなというぐらいのものであろう。私も幼年期、街角でフラフープに興じる人やダッコちゃん人形を見たことはあるという程度である。

ダッコちゃんは88年、「黒人差別的」であるという批判をうけ、ブームがとっくの昔に終わっていたこともあり、製造中止となる（現在、復活している）。88年は同じような経緯で、『ちびくろサンボ』が絶版となっている。もちろん法的に販売が禁止されたわけでなく、両者とも自主規制の産物である。

▼昭和39年のオリンピックは就学前年

東京オリンピックが開催されたのは就学前の1964（昭和39）年である。5歳から6歳の頃だ。この年代の記憶には個人差があると思うが、私は鮮明だ。父がなぜかチケットを持っていたために閉会式を国立競技場で観ることができた幸運も手伝っているが、大会じたいも日々、家族とともに、しょっちゅう故障する自宅の白黒テレビ（当時、モノクロなどという表現はまだない）で観ていた。テレビはたしか中古をローンで買ったものだ。そのため近所の電気屋のおじさんに修理に来てもらうことが多くて、「このおじさんはまるで家族のようだな」と感じるほどだった。

東京オリンピック記念100円銀貨が通貨としてごく普通に使われていたこともよく覚えている。8000万枚も製造されたというのだから、それも当然かもしれない。記念貨幣はこの時100円銀貨とともに製造された1000円銀貨も含め、その後もいくつか製造されたが、一般に広く流通した貨幣は東京オリンピック記念100円銀貨だけである。

▼テレビとともに育ってきた「あるある」

東京オリンピックの前年、1963（昭和38）年に事実上日本初のテレビアニメ、手塚治虫原作の『**鉄腕アトム**』（フジテレビ）がスタートしている。ただ、私の場合、同じく63年に事実上の国産テレビアニメ第2作として放送が始まった横山光輝原作の『**鉄人28号**』（フジテレビ）のほうが好きだった。当時の私のスケッチブックが最初から最後までクレヨンで下手な鉄人の絵で埋め尽くされていたのを10年後ぐらいに発見し、とても恥ずかしかったのを思い出すが、同じことをしていた同級生は多いと確信する。

この頃から、観られるアニメは何でも観た。『**エイトマン**』（TBS）や『**狼少年ケン**』（NET＝現テレビ朝日）も63年に放送がスタートしている。親にチャンネル権を奪われ、観られなかったものもあるが、アニメを観ることに心が躍動していた経験はたぶんみなさん共通だろう。こうしたアニメのテーマソングはいまでも歌えるはずだ。「アニソン」の原点はここらにある。

1966年（昭和41）年1月、円谷プロが産んだ画期的な特撮作品であるウルトラシリーズ第1弾

『ウルトラQ』（TBS）の放送が開始される。とてもとても観たかったが日曜夜7時のチャンネル権を得ることはできず、後の『ウルトラマン』も『キャプテンウルトラ』（これは同時間帯に放送された特撮ものだが円谷プロ制作ではない）も『ウルトラセブン』もほとんど視聴することはできなかった。

しかし、7時30分から放送されていたアニメ、藤子不二雄（おことわりするまでもないがこの頃はⒶもⒻもない）原作の『オバケのQ太郎』（TBS）は「7時のNHKニュースは終わったから観ていい」ということでなんとか視聴が許された。『オバケのQ太郎』は初のギャグアニメであり、これが観られただけでも私は幸せであった。だからというわけではないが、誰が何と言おうと〝オバQ〟こそが藤子不二雄の代表作だと私は思っている。これについては多くの同級生も賛同してくれるものと信じる。ちなみにこの放送枠は後の『サインはV』等のスポ根ドラマ枠になる。

▼『コンバット』『サンダーバード』とプラモ

海外ものの吹き替え版も新鮮だった。いろいろあるが私が好きで観ていたのは『コンバット』（TBS）と『サンダーバード』（NHK）だ。

第2次世界大戦のヨーロッパ戦線、アメリカ軍のノルマンディ上陸以降の戦いをベースに展開される人間ドラマである『コンバット』では、アメリカが主であるから、常にドイツ軍が悪として扱われる。日本にとってでも少なくともこの時代（大戦時）は敵であったアメリカの歩兵部隊を応援しながら私は観ていて、そこに何の違和感もなかったのだから不思議な感覚ともいえる。

分隊を率いるサンダース軍曹を演じるビック・モローが野性的でリーダーシップに優れていたのも、また上官のヘンリー少尉を演じるリック・ジェイスンがスマートでカッコよかったのも番組の魅力だった。

イギリスで制作された人形劇『**サンダーバード**』については、2015年からはCGを駆使した新シリーズ『サンダーバード ARE GO』も作られているが、人形劇とはいえ、次から次へと登場するメカのカッコよさが絶対的な魅力だったのは言うまでもない。毎度、常にギリギリのところで救出される緊張感は、今振り返ればワン・パターンだが、子どもだったわれわれを楽しませるには十分なストーリーであったとも言えるだろう。

『サンダーバード』や戦争モノについては、その頃懲り始めていた**プラモデル**にも連動する。『サンダーバード』に登場する超未来型の救出メカが次々にプラモデルとして発売された。また同じ頃、第2次世界大戦で使用された戦車、戦艦、戦闘機等がおもちゃ屋のプラモデル売り場をほぼ埋め尽くしていた。

小学生だった私は、月200円程度の小遣いのすべてをプラモデルにつぎ込んでいた。太平洋戦争（第2次世界大戦）で敗れ「戦争はいけない」ことは理解していても、まだ子どもである私は、「雷電は局地戦闘機として活躍した」とか「大和と武蔵は同型艦で世界最大の戦艦」などということを知ってそれを完成させることで悦に入り、また高額だったプラモデルの「サンダーバード秘密基地」が発売されたらお年玉をつぎ込んでなんとか買い、完成させ、喜んでいた。

プラモデルの楽しさは何なのか？　中学生以降、プラモデル作りはほとんどしなくなったが、もし、今でも時間があって興味あるプラモデルが見つかったら接着剤を駆使して必死に組み立てるかもしれない。何かを作りたいという欲求は人間の本能なのかもしれないとも思う。

▼ミリタリーもの

プラモデルが高じると、ミリタリーものに走る者もいた。その背景には先のドラマのほかに、少年誌における「戦記もの」ブームもあったと思う。次章のポイントとなるところで引用させてもらった書物『一九七二』を書いた**坪内祐三**は昭和33年生まれなのだが、同書でも戦記ものの例として、**辻なおき**『**ゼロ戦はやと**』、**貝塚ひろし**『**ゼロ戦レッド**』、**吉田竜夫**『**少年忍者部隊月光**』（テレビ版『忍者部隊月光』は戦記ものではない）を挙げ「小学校時代の私は愛読した」が、なぜか**ちばてつや**『**紫電改のタカ**』には「それほど夢中になれなかった」としている（155頁）。『マガジン』の巻頭カラー口絵にはミリタリー的知識の解説頁があったことも触れられているが、それらを耽読することによって60歳近くになった今も消えない小学生の知識は蓄積されたのであった。

同書ではそのブームの最後のほうの作品として**園田光慶**『**あかつき戦闘隊**』（68〜69年、同書では作品名はナシ）が挙げられていた。日本海軍の生き残り部隊という設定、干潮のときのみ使える秘密の滑走路等、ありえない設定なのだが、他の戦記ものよりリアルな描写、次々に隊員が無残に死んでいく展開は、妙に惹きつけるものがあった。どんどんオタク的な話になっていくがもうひとつ、**望月三起也の『最前線』**を挙げないわけにはいかない。なにしろ主人公たちはヨーロッパ戦線の米軍兵士なのだが、日本軍の真珠湾攻撃によって強制収容された日系移民の志願兵で編成された部隊なのだ。だから「最前線」。

戦記マンガは当時の児童文学作家らによってだいぶ非難されたようだが、勘違いもはなはだしい。子どもが好戦的になるとでも思っているのだろうが、それは短絡というものだ。ガキはガキなりにフィクションと現実の違いを心得ている。知識を得ることと、蓄積された知識をどう使うかは、別の問題だ（エロ・グロ・ナンセンス領域の問題はすべて共通している）。すくなくとも私は、ミリタリー好きが高じて好戦的なオトナになったという例を知らない。

▼**[補注]**　ついでにいえば、望月三起也の描く拳銃はリアルで特筆に値する。プラモデルファンが高じて小学校時代にモデルガンファンとなった補注者は、ちゃんと銃を描いているかでマンガ家を評価していた。間違いなく望月は銃器をはじめとした武器、メカニズム（『ワイルドセブン』のバイク等）を正確に描くどころか、新しい知識も与えてくれていた。その意味でも比類ない作家である。きっと右のような児童文学者には、目の敵にされていたんだろうな。

▼1968年メキシコ五輪、サッカー秘話

小学校4年生の時、1968年にメキシコ・オリンピックが開催される。日本は体操、レスリング

で金メダルを荒稼ぎ、その他では重量挙げフェザー級三宅義信、義行兄弟（女子重量挙げの三宅宏美は三宅義行の娘）の金と銅獲得などが話題となった。金メダルは合計11個だ。東京オリンピックで初めて採用された柔道は、このメキシコでは採用されていない。柔道がオリンピック競技として定着するのは1972年に開催された次のミュンヘン・オリンピックからである。他にも男女のバレーボールとマラソンの君原健二が銀メダルを獲得するなどあったが、銅メダルとはいえ、世界を震撼させたのがサッカーの活躍である。一応お断りしておくが、この頃オリンピックはサッカーのみならずアマチュア選手しか出場できない。もちろん、年齢制限もない。

3位決定戦では地元のメキシコに2―0で勝ったのだからこれは称賛の域をはるかに超えていた。だが、**多くの人に忘れられている予選リーグでの試合**もある。日本はブラジル、スペイン、ナイジェリアと対戦するグループBに属していた。初戦、ナイジェリアに3―1で快勝した日本の2戦目の対戦相手はブラジルであった。初戦でスペインに0―1で敗れていたブラジルは、是が非でも勝たなければいけない試合で、しかも前半9分に先制した。無論、追加点も欲しかったが堅守を誇った日本かならなかなか追加点が奪えず、日本も同点に追いつけない。するとブラジルは後半に入ると露骨な時間稼ぎを始めたのだ。ダラダラとボール回しをするだけならまだしも、日本選手が足を引っかけたわけでもないのに倒れて大の字になるというような今でいうところの派手なシミュレーションを繰り返してまさに時間を浪費させた。そして状況によっては日本選手に背を向け、リフティングを始めたりもした。この光景は今もはっきりと覚えている。

今年（2018年）のワールドカップで日本がポーランド戦で最後はただボール回しをしたことが物議をかもしたが、これはポーランドにとっても、無理にボールを奪う理由がないのだからしょうがない。予選突破はないことが決まっている消化試合で、とりあえず日本が攻めてこないことによって勝利が確定すれば、それでポーランドにとってはかろうじて溜飲を下げることができるからだ。あの場面、そうしている間に別会場でセネガルが同点に追いつけば、これは史上最低の戦術と評価されてしまう中で日本が選んだある意味勇気ある戦い方だったのだ。

だが、この時のブラジルの戦い方に勇気はない。姑息に勝つためだけの戦術だ。

日本は粘り強かった。後半35分過ぎ、途中から入った渡辺正が値千金の同点ゴールを決め、引き分けに持ち込んだのだ。この大会の得点王は3位決定戦のメキシコ戦の2ゴールを含め計7本ものシュートを決めた稀代のストライカー釜本邦茂だが、渡辺はこの1点で後世に語り継がれることになる。

日本は予選リーグ最終戦のスペイン戦も引き分けて決勝トーナメントに進出、ブラジルは予選リーグ最終戦のナイジェリア戦も引き分け、敗退した。日本は準々決勝でフランスに勝って準決勝へ。ここで優勝したハンガリーに0―5で完敗するが、前述したように3位決定戦でメキシコを下して堂々銅メダルを獲得したのだ。

釜本邦茂、杉山隆一ら日本サッカー選手団はスーパースター扱いされて帰国し、一躍サッカーブームが到来したのはみなさんの記憶にもあると思うが、これはまさに一過性のものであったのが残念だ。

メキシコの輝きからJリーグ発足まで4半世紀もの時間を要したわけだが、そこからまた4半世紀を経て、今、日本のサッカーは新しいスタート地点に到達したように思う。

▼ファイティング原田は強かった

ところで、メキシコ・オリンピックの銅メダリストにはボクサーもいた。バンタム級の森岡栄治である。その後、日本のオリンピックのボクシングでのメダル獲得は、２０１２年ロンドン・オリンピックミドル級金メダリストの村田諒太とバンタム級銅メダリストの清水聡までない。

実は日本のボクシングはメキシコ・オリンピックまで3大会連続でメダルを獲得していてかなり強い。１９６０年ローマ大会フライ級の田辺清（銅）、64年東京大会バンタム級の桜井孝雄（金）である。

この頃の日本のボクシングはプロにおいても黄金期であり、ファイティング原田が、フライ級に続いてバンタム級でも世界チャンピオンになっていた。メキシコ五輪の年である68年に5度目の防衛に失敗して王座から転落してはいたが、さらに階級を上げ、フェザー級でも世界を狙える位置にいた。そのフェザー級でメキシコ五輪開幕直前にＷＢＡ（世界ボクシング協会）の世界チャンピオンになったのが西城正三である。そう、この時期、世界のボクシングはＷＢＡとＷＢＣ（世界ボクシング評議会）の2団体に分裂する（現在はもっと増え、主要団体だけでも4つ、階級もこの頃の倍ぐらいに細分化されている）。原田の2階級制覇はＷＢＡ、ＷＢＣに分裂する前の偉業であり、まさに日本ボクシング界のスーパースターであった。だが、原田がどんどん階級を上げていったことでもわかるように試合前の減量は想像を絶するすさまじさだったという。

『あしたのジョー』（原作：高森朝雄［梶原一騎］、劇画：ちばてつや）は、コミックにおいてもアニメにおいても単なるスポ根の域を超えて、長く語り継がれる名作だと思うが、この原田の減量の話が、主人公矢吹丈の永遠のライバル力石徹の試合前の減量シーンにおいて使われているのは有名だ。原田は、とにかく一滴の水でもいいから飲みたいという状況まで追い詰められたとき、会長はその心情を察し、残酷にもジム内の蛇口はすべて紐で縛って止めていたというのだ。それがそのまま使われている。

また矢吹丈の必殺パンチ、クロスカウンターは当時のジュニアライト級（現スーパーフェザー級）世界チャンピオン小林弘が放つ、至高の芸術的パンチをより派手にわかりやすく表現したものだ。小林がまさに〝絵になる〟クロスカウンターを武器にしていなかったら、矢吹丈の必殺パンチは違ったものになっていたと考えられる。

『あしたのジョー』が大人気を博していた頃、日本ボクシング界も今よりはるかに敷居の高い世界チャンピオンに西城、小林など5人もなっていた黄金時代だったから、『あしたのジョー』がより盛り上がったという見方もできるかもしれない。

『あしたのジョー』はその後も、アニメとして映画化されるなど断続的に話題になる。歌人・劇作家の寺山修司が中心となって「力石徹」の葬儀をおこなったり、この作品の存在は社会現象となった。2011年には矢吹丈役を山下智久、力石徹役を伊勢谷友介として実写版で映画化され、山下、伊勢谷の人気もあったかもしれないが興行的にも大ヒットした。ジョー人気、いまだ、衰えずの感ありだ。

▼68～70年という年

１９６８年、メキシコ五輪が開催される数カ月前、**小笠原諸島がアメリカから返還**される。今年（２０１８年）、返還50周年ということが様々な形で報道されもしたが、小笠原諸島がどのあたりにあって、それが返還されれば東京都の一部なのだということがわかって驚いたというのが50年前の私の率直な感想だった。

そして、この年の暮れには、多くの日本人にとって忘れられない「**3億円事件**」が起きた。あれから50年である。何度もドラマ化されている。しかし、すべて謎の事件である。犯人、あるいは犯人グループは年齢的にもう死んでいてもおかしくはない。私ごときが言うまでもないことだが、果たしてどのようにして逃げおおせたのだろうか？

翌１９６９（昭和44）年、「3億円事件」犯人の手がかりがつかめない中、年明け早々、東大では学生によって封鎖されていた**安田講堂の攻防戦**が始まった。68年から全国の大学に広がっていた全共闘運動の一つのクライマックスだった。その「攻防戦」はテレビ中継され、「火炎ビン」という武器が初めて表に出てきて、機動隊というものが存在することを私は知った。機動隊が手にしている盾も初めて見た。まだ、自分がいずれ大人になること、将来は大学を受験するであろうことなどもあまり考えていなかったが、東大は頭のいい人が入る大学であることは知っていた。だから「なぜ？」という疑問ばかりだった。多くの負傷者が出て、安田講堂に籠城していた学生は検挙され、この事件にはピリオドが打たれるが、この年の東大は入試が中止されたことぐらいしか印象がない。

ところで、この69年は「**人類の月面着陸**」が現実のものとなった年でもある。アメリカのアポロ計画は、この年に打ち上げられたアポロ11号によってついに目標を達成したのだ。アームストロング船長が月面を歩く姿は今の鮮明な映像から比べたら恐ろしくぼんやりしていたが、まあ、興奮して見ていた。アポロ11号は打ち上げから月面到達までの詳細な計画が事前に報道され、順調に月に向かっているか？　軌道修正は？　月面への着陸は？など、連日気にしながら生活したものだ。NHKも民放も競って、連日アポロ11号の映像を流した。このとき持ち帰った月の石が翌年開催される大阪の万国博覧会のアメリカ館で展示され、それを見るために連日多くの人が殺到した。

このイベントが「人類の進歩と調和」（この万博のテーマ）に寄与したかは疑問だが、もうすぐ終わることになる高度経済成長の最後を飾るお祭り騒ぎだったことは間違いない。

翌1970年は**万博**の年でもあるが、**「よど号」ハイジャック**が一番の衝撃的事件だろう。赤軍派を名乗る9人が、「よど号」と名付けられた日本航空機を乗っ取り、北朝鮮への亡命を画策。結果から言えば彼らの要求を呑んで、「よど号」は北朝鮮に向かい、9人は亡命したことになり、人質も解放された。この9人がその後どうなったかについては、帰国して有罪判決後死亡した2人以外は未だ不明な点も多い。様々な拉致事件に関与したのではないかとの疑惑も指摘されている。

「よど号」グループは『あしたのジョー』が好きだったらしく、ハイジャック時の声明文を「……われわれは明日のジョーである」と結んでいる。私は、『あしたのジョー』がこんな形で利用されたこ

とに当時、少なからずショックを受けたが、忘れることにしよう。

この年は11月に**三島由紀夫が割腹自殺**している。2カ月以上が経過していた。大阪万博が終わって2カ月以上が経過していた。私は当時、三島由紀夫についてよくわかっていなかったので、鉢巻をした三島由紀夫が演説し、その後腹を切って死んだというショッキングな事実を認識しただけである。やはり、なぜ？以上の感覚は起こらなかった。

同級生諸君もすくすくと育っていったであろう小学校高学年時代。私は好きな女の子のスカートめくりなどをしては泣かせていた悪ガキだったが、小学校卒業は4カ月後に迫っていた。

第2章

中学校編——社会の〝変化〟は始まっていた

中学校1971（昭和46）年［12歳］～1974（昭和49）年［15歳］

ということで、もう一度中学時代に戻る。われわれが中学生だった1971年から74年にかけては、社会の動きも激しい。

▼71年、中国をめぐるピンポン外交

70年の万博の狂騒が終わると、新聞には「札幌五輪まであと500日」の見出しが躍った。年が明けて71年2月、「**札幌プレオリンピック**」という翌年の予行演習的な冬の祭典が催され、初めて、本格的にテレビで冬のスポーツを観戦した。そして、スキーにジャンプという種目があることを知り、ジャンプとスピードスケートの短距離以外では、ほとんど日本は世界を相手に歯が立たないことも知った。

そうして中学生としての生活が始まったのだ。中学入学とほぼ同時に、前述したように歌謡界は変

革期を迎えるが、中学入学直前、世界のスポーツ界でも注目される大きな変化があった。それは**中国の国際舞台への復帰**である。その記念すべき大会が、**71年名古屋で行なわれた卓球の世界選手権**だった。卓球がブームの様相を呈し、そして中国の国際的なプレザンスが増す昨今、この出来事は再評価されて然るべきだと思う。

もとより中国は、チャイニーズタイペイ（台湾）との関係で長くＩＯＣを脱退していたこともあり、64年の東京オリンピックにも出場していない。それでも卓球（当時オリンピック競技ではない）は世界選手権に65年まで出場し続けていたが、文化大革命の影響でその後２大会は不参加。中国のいない世界選手権はほとんど日本の独壇場（67年は7種目中6種目、69年は4種目で優勝）だった。この頃の日本の卓球は中国と互角の勝負を展開し、世界一を争っていた。文化大革命により中国は、卓球のみならず、すべての競技で国際舞台から遠ざかってもいたので、日中対決ということだけではなく、その戦いぶりは世界から注目された。

卓球世界選手権は今と違って、団体戦と個人戦を一大会で全部行なっていた。まず前半は団体戦だ。戦前の予想では男子が日本有利、女子が中国有利だったが、結果は逆で男子は中国、女子は日本が制した。この団体戦決勝はＴＢＳで中継され見ていたのでとてもよく覚えている。当時の団体戦は男子の場合、シングルスを９戦して先に５勝したほうが勝ちという長丁場。しかも今と違って１セット21点制の３セットマッチだから、まさに重厚長大な戦いだった。すでにシングルスの世界チャンピオンになっている長谷川信彦、伊藤繁雄と後の世界チャンピオン河野満の３人が死力を尽くしても中国勢の壁を突き破ることはできず、2―5で敗れた。

一方、同時進行だったのか、ほとんど中継されなかったが女子の団体戦（こちらも1セット21点制3セットマッチ）はシングルス2戦の後、ダブルス1戦、さらにシングルス2戦の計5戦で先に3勝したほうが勝ちという方式だ。日本は小和田敏子、大関行江、大場恵美子の3人で臨み、3戦目のダブルスこそ敗れたがエース小和田のシングルス2勝が効き、3―1で快勝した。これで団体戦は1勝1敗だ。しかし、個人戦では中国が力を発揮、3種目を制し（他はスウェーデン、ハンガリーが1種目ずつ）、日本は一つも勝てなかった。やはり、6年間世界の舞台から遠ざかっていても中国は強かったのである。その強さは現在まで続いている。

こんなに長々と71年の卓球世界選手権について述べるのには他にも理由がある。それは、この大会を契機に**米中、日中ピンポン外交**が始まったからだ。大会終了後には、日中交歓卓球大会の開催がすでに決まっていて、一部帰国した選手を除く中国選手団はそのまま日本に残って大阪、京都、福岡、札幌、横浜、東京と6大都市で熱戦を繰り広げ、各地で親睦を深めて4月下旬まで滞在した。当時の新聞では「日中の絆が深まった」などと報道している。また、中国は、世界選手権期間中にアメリカ、イギリス、カナダなどの卓球チームとも話し合いを持ち、自国に招待することを決めている。こうして米中も卓球を通じて一気に接近することになる。このときまで文化大革命の影響などもあり中国は、国際的にベールに包まれた国になっていたのだが、その潤滑油的役割として卓球が果たした功績は大きい。ニクソン大統領の訪中も実現し、卓球の日中交歓大会、いわゆるピンポン外交はその後も行なわれる。まだ日中国交が回復されていない時期でのことだ。**翌72年、田中角栄が総理になって日中国交は正常化されるのだが、その陰に卓球があったこと**を忘れてはいけない。日本列島全体がソメイヨシノの開花で華やかに彩られた頃であろう71年春、名古屋で行なわれた卓球の世界選手権は、記憶に留めておきたい大会だ。

▼72年は札幌五輪の年でもある

それでも71年の世の中は、比較的平穏だったように思う。年が明けて72年早々、札幌オリンピックへのカウントダウンが始まった頃、あっと驚くようなニュースが日本列島を駆け巡った。

横井庄一さんの発見、帰国である。

帰国第一声の「恥ずかしながら、横井庄一、帰って参りました」は心に沁みた。

われわれの世代の親は例外なく太平洋戦争を体験している。そして、ウチもそうだがその親より、たぶん横井さんは、ずーっと年長だ。そういう年齢の人が、グアム島のジャングルで戦後、生き延びてきたのはどういうことなのか?

私の感想はこんな人がまだいたのか、というようなものだった。にわかには理解し難かったのだ。当時は横井さんに関して、さまざまな報道がなされ、一つずつ、その謎を解いていったものだ。皆さんもそうだと思うが、このときは、まさか2年後、さらにもう一人、太平洋戦争の戦場から帰ってくる人が現れるとは想像もできなかった。

横井さんに驚いてばかりはいられない。暮れから正月にかけてオーストリアと西ドイツで行なわれる伝統のヨーロッパジャンプ週間4連戦（インスブルック、ガルミッシュ・パルテンキルヘン、オーベルストドルフ、ビショフスホーフェン）の内、インスブルック、ガルミッシュ・パルテンキルヘン、オーベルストドルフの3大会で3連勝を飾って（4戦目を前に帰国）、今や世界からも実力ナンバーワンと評価されていた笠谷幸生ら日本ジャンプ陣の活躍が期待される**札幌オリンピックが始まる**のだ。

山本直純作曲の軽快なマーチ、札幌オリンピック入場行進曲「白銀の栄光」とともに各国選手団が入場行進、アジアで初の冬の祭典が始まったときのワクワク感は、とても大きなものだった。

そして、後に「日の丸飛行隊」と名付けられたスキージャンプの70m級（現ノーマルヒル）で期待どおり、いや期待以上の活躍で金、銀、銅メダルを独占した笠谷幸生、金野昭次、青地清二の3人は最高にかっこよかった。テレビで見たあの瞬間は永遠に忘れることのできない感動といってもいいかもしれない。

これが2月6日。横井さんの帰国から4日後のことだ。

しかし「日の丸飛行隊」は90m級（現ラージヒル）では、笠谷以外は不調、笠谷も1本目2位につけながら、2本目、風にあおられて、大失速、入賞もできなかった。ジャンプはまだ団体も女子もない。ジャンプ同様期待されたスピードスケートは残念な結果に終わった。その他の競技ではリュージュと複合（この頃はノルディックのみ）で日本勢は健闘し入賞している。

平和の祭典でありスポーツの祭典である冬季オリンピックは26年後、再び日本の長野で開催されるが、札幌オリンピック閉幕からわずか6日後、その長野県の雪の中ではオリンピックでもないのに激しいバトルが展開されてしまう。日本中が騒然となった「**あさま山荘事件**」だ。

▼72年は「はじまりのおわり」か［補注］

この72年2月の「あさま山荘事件」へいたる「連合赤軍事件」（武装革命を標榜する「連合赤軍」という新左翼グループが、警察当局に追い詰められ軽井沢の「あさま山荘」に人質をとって籠城した事件。関係者逮捕後、グループ内部での「総括」という名の下に多数の同志の殺害が発覚した）については、多くの書物が書かれ、テレビのドキュメンタリーや映画もつくられ、いまだに戦後史の大きなエポックとして話題にのぼることも少なくない。しかし当時、われわれは中学1年だったから、茫然とテレビに映し出された「あさま山荘」を眺めていた、というのが一般的なところだが、この事件、さらにはこの72年について、われわれの同級生が注目すべき著作をものしている。**坪内祐三**の『**一九七二　「はじまりのおわり」と「おわりのはじまり」**』（2003年、文藝春秋）がそれだ。

坪内祐三は東京生まれ、雑誌「東京人」の編集人をへて物書きになっている。文学や近過去、東京についての著作も多い。413頁もあるこの本は、連合赤軍事件を狂言回しのように使いながら、1972年がいかに特異な年であるかを語っている。

《高度成長期は、その、時代が新しくなって行く側面ばかりが強調されがちであるけれど、一方で、古い物や旧来の感受性も確かに強く残っていた…。その葛藤が時代変化の激しさを形造る。／激しさがピークとなるのは一九六八年。／そして変化が完了するのが、実は一九七二年であるのだと…思い至った。…一九七二年こそは、ひとつの時代の「はじまりのおわり」であり、「おわりのはじまり」でもあるのだと。》(13頁、傍点は原文)

その中心に「あさま山荘＝連合赤軍事件」がある、というわけだ。そしてさまざまなシンクロニシティが挙げられている。それらは偶然ではあるが、たしかに時代の変化を示している。

たとえば、**ニクソン米国大統領**の「敵国」**中国への初訪問**はこの年の2月であり、「あさま山荘」のテレビにはまさにその模様が映し出されていて、「反米愛国」を信条としていたはずの籠城メンバー坂口弘は、それを観て大変なショックを受けたことが述べられている(214頁)。田中角栄内閣が成立し、日中国交が回復するのもこの年9月。沖縄の本土復帰もこの年だ

さらにこの『一九七二』には、政治的な分野だけでなく、サブカルチャー領域での意外な同時代性も挙げられていて、われわれと同学年のいわゆる「あるある」的感慨を得ることができる。目次から固有名詞だけ拾う。「CCR」「グランド・ファンク・レイルロード」「ロキシー・ミュージック」「ローリング・ストーンズ」といった海外ロッカーの動向、「はっぴいえんど」「頭脳警察」「キャロル」などの日本のロック、「金曜夜八時の『日本プロレス』中継終了と『太陽にほえろ!』の放送の開始」「『ぴあ』の創刊と情報誌的世界の登場」(章タイトルのママ)という具合だ。《一九七二年十月八日のフジテレビ「リブ・ヤング」での衝撃的デビューのイメージが強いから、キャロルの存在はテレ

ビの映像と切り離せない。…たとえばTBS夕方五時の「銀座NOW」で、私は、キャロルの演奏を目にしたことがある。》（304頁、強調は引用者）とあるが、これこそ「あるある」エピソードだろう。

▼消費社会と連合赤軍事件　［補注］

では、その時代の変化の中身とは何か。もうひとりわれわれと同級生の評論家に登場してもらう。サブカルチャーを中心にしながら、現代社会のあり方を精力的に読み解く**大塚英志**だ。彼には、オウム真理教による「地下鉄サリン事件」の翌年刊行された**『「彼女たち」の連合赤軍　サブカルチャーと戦後民主主義』**（1996年、文藝春秋）という本がある。

連合赤軍には、リーダーのひとり永田洋子をはじめとして、女性メンバーも少なからず存在し、「総括」死させられたのも「彼女」たちが多かった。大塚英志は亡くなった女性メンバーの手記を分析し、「彼女」たちに《共通なのは八〇年代消費社会へと通底していくサブカルチャー的感受性》とする。やがては「リンチ」殺人にいたる連合赤軍内部での激しい対立は、共産主義者同盟（ブント）赤軍派と日本共産党革命左派の「連合」からなったがゆえの党派間のそれなどではなく、それまでの〈左翼思想〉と消費社会の感性との闘争であったとし、《連合赤軍の人々は山岳ベース（引用者注：アジトのこと）で言うなれば消費社会化という歴史の変容と戦い、それを拒否し、敗れていったのである。》とひとつの結論にいたる（角川文庫版35頁、強調引用者）。

大塚英志は、この時代の変化を、吉本隆明の消費社会論を援用しながら社会の「消費社会化」ととらえている。言い換えると、戦後社会は高度経済成長とドル・ショック、オイル・ショックを経験しながら、「生産」ではなく「消費」が中心となる社会に変容し（第三次産業従事者が第二次産業のそれを上回り、必要品の消費ではない「選択消費」が過半を占める社会状態）、それまで通用していた〈左翼思想〉が失効していく時代に入った、ということができよう。そしてこの認識は、80年代なかばのバブルのちょっと前、吉本隆明と埴谷雄高の「コム・デ・ギャルソン」論争という対立となり、大塚英志もそれに言及しているのだが、それは後述しよう。

▼マックの登場

この時代の選択消費の象徴としては、一例として**マクドナルド日本1号店の開店**が挙げられよう。今では地方の比較的小さな駅前に店舗があっても「アッ、マックがあった！」などというレベルで驚かなくなったマクドナルドはその日本での1号店が71年、われわれが中学1年の夏、銀座4丁目に開店している。それまでほとんどの日本人にはなかったであろう「腹が減ったときにハンバーガーを食べる」という選択肢が消費社会に新たに現出したのだ。

前年の夏、銀座は大都市圏では初めて**歩行者天国**の実施が試みられていた（同時に新宿、池袋、浅草でも、その後全国に広まっていく）。ふだんは車で渋滞している銀座通りを悠々と歩ける不思議な解放感、爽快感を覚えている同級生は多いだろう。マック1号店開店時、「歩行者天国（まだホコ天などとは呼ばれていなかった）」は休日にはもう定期実施化されていて、「銀座4丁目のマックでハンバーガーとマックシェイクを買い銀座通りを歩きながら食べる」ことがとてもおしゃれに感じられたものだ。こんな選択消費は〝外国の食べ物〟だったハンバーガーが日本に本格的に導入される、すなわちマクドナルドの日本進出がなければ起こり得なかったと言ってもいいだろう。

ところでマックシェイクだが、最初の頃は今でいうところの「大」のサイズしかなく、しかも飲むのに大変な「吸引力」を要し、飲み切るだけでかなり疲れた。今のシェイクは飲みやすくてむしろつまらない。

マック1号店は、銀座の高級ブティックなどに食べながら入っていくヤカラが増え、ブティック経営者などから「店内を汚す」というクレームが出てきて84年に閉店する。開店時はそんな不道徳なというより「高級ブティック」に入る人種はマックでハンバーガーなど買わなかったはずだからそのようなトラブルは起きなかったのだ。「えっ？　そんなことで閉店しちゃうの？？　変な時代だなあ」と私はとても残念だった。

▼沖縄、角栄、ミュンヘン五輪

かなり寄り道してしまった。72年にはまだまだいろいろある。前述のとおりこの年の5月15日、ついに**沖縄が返還**される（5月15日沖縄返還協定締結）。そして、沖縄返還まではと長期政権を誇った佐藤栄作内閣が退陣する。

「総理大臣は佐藤栄作」と義務教育で習ったようなものだと小学校の章で述べたが、巨人9連覇とこの時代の自民党安定政権がどこか重なるのはそのせいかもしれない。

佐藤栄作の前の総理、池田勇人が唱えた所得倍増計画（軽武装、経済優先）は、佐藤政権の時代に高度経済成長という結果につながった。その弊害として大気汚染、公害病の発症などが起こった。急速な発展はどこかに歪みを生ずるものであることを肌で感じながら、私たちは大きくなっていったのかなと思う。

田中角栄が「今太閤」として支持されていた頃は、就任前から「**日本列島改造論**」を唱えるなど、非常に積極的に行動する男という印象だった。とにかく総理が変わるのはとても新鮮な気がしたものだ。田中角栄が総理となってまだ日が浅い9月に訪中し、**日中国交正常化合意**に成功した。

ちなみに米中国交回復は、75年ベトナム戦争終結を経た79年。中国との関係についていえば、日本がかなり先行したわけだが、これによって角栄は米国の〝虎の尻尾〟を踏んでしまい、やがてロッキード事件が起こることになる……、というやや陰謀史観的な説もある。

8月の終わりにはオリンピック夏季大会である**ミュンヘン・オリンピック**が開幕する。

体操の塚原光男が初めて月面宙返り（ムーンサルト）の大技を公に披露した大会だ。現在は日本体操協会副会長の塚原光男は、今年（2018年）、パワハラ問題で妻の塚原千恵子女子強化本部長とともに渦中の人物として報道された。パワハラ問題では、メキシコ五輪重量挙げ銅メダリスト、日本ウエイトリフティング協会会長、三宅義行の名前も挙がった（肩書きはいずれも2018年9月現在）。私にとって彼らは少年時代のスポーツ界のスター、残念でならないと同時に、次々に露呈する日本スポーツ界の構造的な問題は悲しい限りだ。

ミュンヘン大会で、日本は水泳で、16年ぶりに金メダルを獲得した。男子100m平泳ぎの田口信教と女子100mバタフライの青木まゆみだ。そして男子バレーボールがついに悲願の金メダルを獲得した大会としても印象に残る。ただ、パレスチナゲリラの襲撃でイスラエル選手団9人を含む14人もの命が失われるという悲劇も起こった大会だった。

▼73年＝中3

激動の72年と比べると73年は一転してまた比較的静かに年が明け、中学最終年度が始まる。しかし、夏以降に今も語り継がれる大きな出来事があった。**オイル・ショック**とそれにともなう**狂乱物価**だ。大会社の社長がデパートのトイレから大量のトイレットペーパーを持ち去ろうとして捕まったという話には笑った。きっと、我が家の家計も大変だったのだと思うが、子どもにそういう思いをさせまいとしていたのか、両親から必死な思いを感じたことはなかったから今更ながら改めて親には感謝したい。

この頃、序章で述べた**中3トリオ**が誕生するわけだが、聴く音楽は歌謡曲ばかりだったわけではなかった。

われわれはいわゆるアフタービートルズの第一世代、あるいは第二世代だろう。ビートルズ来日の1966年はまだ小学校2年生で、そのすばらしさを理解するには幼なすぎた。解散した70年でもまだ小6だ。解散後3年になるこの年、周りにはビートルズ狂のような同級生が結構増えてくる。私もそれに影響され、一気にビートルズを、そして洋楽全般を聴くようになった。

この年、異様なヒットを記録した洋楽はカーペンターズの「イエスタディ・ワンス・モア」であった。同時に深夜放送にも耳を傾け出したわれわれは、ラジオでもいやというほど「イエスタディ・ワンス・モア」を聴かされた。

一方で（日本の）「フォーク」と呼ばれるものにも力はあった。72年に「学生街の喫茶店」の大ヒットでブレイクするガロ、73年にはかぐや姫、チューリップ、井上陽水、海援隊などが次々にヒット曲を飛ばした。歌謡曲ではない「何か」を感じていたし、決してきらいではなかったが、私のベクトルはどちらかというと洋楽に向いていった。ほとんどラジオからだったがＡＭでもＦＭでも聴けるものは何でも聴いた。

▼マイケル・ジャクソンとマーク・レスターも同級生である

しかし、この頃、すでに世界的な人気になっていたグループの一人がわれわれの同級生であったことを私は知らなかった。

この本で話題にする同級生は基本的に日本人が対象だが、この人については例外にしなければいけないだろう。**マイケル・ジャクソン**である。彼はアメリカの兄弟のソウルグループ「**ジャクソン5**」の一員だった。ジャクソン５のレコードデビューは１９６９年だから森昌子より３年も早い。マイケル・ジャクソンはまだ11歳だ。ジャクソン5時代の「I Want You Back（邦題：帰ってほしいの）」（69年）「I'll Be There（アイル・ビー・ゼア）」（70年）などは、当時もなんとなく耳に入っていた記憶がある。

いうまでもなく日本の「**フィンガー5**」は、グループコンセプトの〝いただき〟だろうが、73年夏発売の「**個人授業**」で、一気にその名が知れわたった。さらに、74年には「**恋のダイヤル６７００**」、「**学園天国**」が大ヒット、こういう翻案は評価されていいだろう。ちなみに三男の**正男**は、同級生のようである。

さて、マイケル・ジャクソンが本当の意味でビッグな存在になるのはソロになった70年代後半からであるが、そこから先は説明するまでもない。他世代の人に言わせれば「別にマイケル・ジャクソンと同世代だからってなんだってんだ」かもしれないが、まあとにかく誇れることである。グラミー賞をはじめ様々な音楽賞の受賞歴、レコード、ＣＤの売り上げ枚数などをここで書き記していったら果たして何ページを要するであろう。美容整形を繰り返し、性的虐待疑惑などもあった晩年は悲しかったが、世界中から愛された史上最高のポップスターであったことだけは間違いない。

この時代、同年代の女子にとんでもない人気を焚きつけた海外の同級生男優も番外編として紹介しておこう。

マーク・レスターである。71年に公開されたイギリス映画『**小さな恋のメロディ**』の主役を演じ、これが日本では大ヒット。主題歌であるビージーズの「メロディ・フェア」も同時にヒットし、マーク・レスターを知らない日本の女子中学生、高校生はいないほどの人気者になった。当時、チョコレートのCMで、映画の一部が使われていた記憶がある。それで、マーク・レスターは73年に日本映画『卒業旅行』にも主演した。しかし、それ以降、彼の名はほとんど聞かない。ちなみに『小さな恋のメロディ』は本国イギリスなどではあまり話題にならず、ヒットしたのは日本だけだったそうだ。日本で一発屋になったイギリス人、というところか。

それより、兄弟のフォークグループだと思っていたビージーズが、70年代後半、『サタデーナイト・フィーバー』で再ブレイクしたことのほうが印象的だと思うのは私だけだろうか。

▼小野田寛郎さんが帰国するのを見た

高校受験もなんとかくぐり抜け、いよいよ中学卒業かという74年の3月、フィリピンのルバング島から小野田寛郎さんが帰国した。

横井さんが帰国した72年の秋頃からどうもルバング島にも旧日本兵がいるらしいというニュースは頻繁に流されていた。事実、その頃小野田さんとともに長くルバング島のジャングルで〝戦ってきた〟小塚金七さんがフィリピン警察軍との銃撃戦で亡くなり、そのとき「もう一人は森に逃げた」と報道され、どうやら間違いなく旧日本兵はいるということがわかっていた。そして、それが小野田さんであることもはっきりしていた。

このとき私は「一体戦後何年経っているというんだ。よりによって銃撃戦で小塚さんが死ぬなんて」というなんともやるせない気持ちになったものだ。だから、その報道から1年以上が経過していたが、「小野田さんが見つかった。帰国する」というニュースのときは横井さんとは違う感慨があった。「小野田さん、無事だったんだ。よかった」という気持ちと、場所はグアムとフィリピンで違うとはいえ、「横井さんが見つかったときにはまだ生きてピンピンしていた小塚さんが、その後銃で撃たれてしまったために帰国が叶わなかった」という残念な気持ちが混じっていた。

２０１４年に91歳で亡くなった小野田さんは帰国後、何冊かの著書を残しているが最後の著作である『生きる』（２０１３年、ＰＨＰ研究所）で「小塚が死に、私は最後の戦友を失ってしまった。孤独と不安に苛まれたが、悲嘆にくれている暇はない。過去に引きずられない発想で、この危機を乗り切るしかなかった。（中略）戦友の遺骨が丁重に日本に送られていたことはせめてもの慰めであった」と記している。

小野田さんで印象的だったのは帰国時、ずっと兵士然とした感じだったことだ。それもそのはず、主にゲリラ戦兵士養成のために設立された陸軍中野学校二俣分校を出た陸軍少尉、つまり将校、職業軍人である。毅然とした態度に敬服したものだ。

▼「戦争」は終わったのだろうか？

日中戦争から太平洋戦争に至る「戦争の時代」、職業軍人の地位はとても高く、１９４１（昭和16）年の太平洋戦争開戦前には陸軍大臣だった東条英機が総理に就いたように日本は文字通り軍国主義国家だった。〝（職業）軍人さん（つまり軍部）には逆らえない〟空気が国中に広まっていた。すでに日中戦争は泥沼化しており、１９３８（昭和13）年には国家総動員法も成立し、「欲しがりません、勝つまでは」という状況になっていた。そしてこの国家総動員法によって、戦争は職業軍人だけが携わるものではなくなる。召集令状、いわゆる赤紙によって、徴兵され「おめでとうございます」と万歳三唱などで送り出され、戦地に向かう人達は特に太平洋戦争末期には急激に増える。それは普通の成人男子だけではない。今まで、１９４３（昭和18）年12月の学徒動員の映像は何十回も見た記憶があるが、彼らは時代遅れの武装とほとんど食糧もない状態で戦地に赴き、その大半は命を落とすことになる。

内地に残っていた一般の老若男女も空襲や、最末期には原爆で、まさに虫けらのように殺された。一般人は内地にだけいたのではない。サイパン島玉砕は有名だが、当時日本の統治下にあった中国東北部（満州）や朝鮮半島、樺太などに、合計すると１５０万人以上もの日本人が住んでいた。彼らの多くも終戦時、突如太平洋戦争に参戦したソ連兵に虐殺され、あるいはシベリアに強制連行されるなど悲劇的な人生を歩んだ。

太平洋戦争で亡くなった日本人は統計によると（この数字をいまだ政府は公表していないが）約

310万人であり、そのおよそ9割は1944〜45（昭和19〜20）年の大戦末期、言い換えると「絶望的抗戦期」に集中している。それはほとんど、職業軍人以外の死者数ということである。時の当局が「敗戦」を無為に引き延ばしたがための死者だといえる。（数字は吉田裕『日本軍兵士―アジア・太平洋戦争の現実』2017年、中公新書を参照した）。ただ、この310万人という数字、近年はさまざまなメディアで信憑性のある数字として扱っているのだが、そんなに少ないだろうか？　たしかに直接的に太平洋戦争で亡くなったのは約310万人なのかもしれない（それとて、もっと多いような気がする）。だが、例えば戦災孤児を含め、戦後、栄養失調、もっといえば餓死で亡くなった方々は間違いなく万人単位だ。原爆の影響により、戦後10年以上も経ってから亡くなった方々なども戦争で亡くなったのと同義である。またシベリアで、あるいは引き揚げ途中などで亡くなった方々はこの数字に含まれているのか？　PTSD（心的外傷後ストレス障害）、いわゆる戦争神経症で、戦後の人生を棒に振った人達も皆、事実上太平洋戦争で亡くなった方々だ。その数も膨大だと聞く。彼らは〝戦死〟ではなくても太平洋戦争がなければ亡くなってはいないのだ。310万人という数字は少なすぎると思えてならない。戦後、70年以上も経った今こそ、政府は、太平洋戦争の過ちがどれだけの人間の命と心を奪ったかについてはっきりとしてほしいと願わずにはいられない。

そのような、戦時中、あるいは戦後をわれわれの親の世代は皆、経験し、生き残ってきたからこそわれわれは生まれることができた。

私ごとで恐縮だが、私の母は終戦時、両親とともに朝鮮半島の北のはずれ、羅津（ラシン）に住んでおり、両親と離れ離れになった母は、そこから姉と二人で、1年以上かけて朝鮮半島を縦断、38度線も命がけで突破し、釜山にたどり着き、船で博多に帰ってきた引き揚げ者である。思い出したくもないそのときの手記を母は8年前『**奇跡の道程**』（彩流社）という1冊の本にまとめ上げて出版した。「後世に残しておかなければ」という使命感で書いたものだという。私もその本を読むまで母から引き揚げに至る具体的な話は聞いたことがなかったので、その驚くべき絶望的な日々と「日本に帰りたい！」という強固な意志に圧倒されたものだ。88歳になる母は今も元気である。

われわれが小さかった頃、特に1960年代は、街に傷痍軍人と呼ばれる人達がたくさんいた。街並は復興していてもまだまだそこに戦争の爪痕を感じたものだ。70年代に入り、戦後生まれのわれわれが忘れかけていた太平洋戦争を思い起こさせてくれたのが横井さん、小野田さんの帰国だったのかもしれない。そう、母を含め、戦争はまだ終わっていなかったのだ。

2000年前後、ある新社会人の、つまり昭和50年代生まれの成人男女に、横井さん帰国時の「恥ずかしながら横井庄一、帰って参りました」の有名な一言を言っても理解されなかった。「君たちは横井庄一さんを知らないのか？」と聞いても皆、きょとんとしながら「知りません」と堂々と言い放ったのだ。「そんな昔のことは知らなくたってあたりまえじゃないですか」とでも言いたげに。

確かに横井さんの帰国は彼らが生まれる前のことだ。だが、彼らの親が知らないはずはない。太平

洋戦争はそんな悲劇を生んだのだということが伝えられていないことに愕然とした。

少なくともわれわれは、太平洋戦争を経験した親から生まれている。われわれはその悲惨さを後世に言い伝えなければならない使命を担っているのではないだろうか。

第3章
高校編――目立ち始めた「同級生」たち

高校1974（昭和49）年［15歳］～1977（昭和52）年［18歳］

　ここまでは、われわれがみてきた出来事を中心に述べてきたが、この章からは、「同級生」たちの動向を追っていくことをメインに、歴史を刻んでいきたい。

Ⅰ　「百恵と辰徳」でどうだ

　われわれが高校生になると「花の中3トリオ」も進学して「**花の高1トリオ**」と呼ばれるようになる。どう考えても受験勉強などしている時間はなかったはずなのに高校に進学できたのだから、当時の私は彼女たち3人を「まったくめぐまれた奴らだ」くらいに思っていた。『月刊明星』『月刊平凡』などには進学した高校名も明記され、3人の制服姿のグラビアなども載っていた。のどかな時代だったともいえる。そのまま、「花の○○トリオ」の呼称は高3まで続くわけだが、高校入学あたりから括りは変わらなくとも**山口百恵だけが突出していく。**

▼74年　山口百恵の「経験」

山口百恵が日本中をぶっ飛ばすような衝撃を与えたのは74年夏の大ヒット曲、シングル5作目の**「ひと夏の経験」**である。「青い果実」のときにはまだ、際どい内容の歌詞が話題になる程度だった山口百恵は、「ひと夏の経験」によって日本中の男の大半を虜にしたといってもいい。私と同年を含めた若い男も、結構なオッサンも、山口百恵のファンであることを前提として会話が始まるというケースがこの頃になると激増する。中学時代と違って私が通った高校は男子校だったせいもあるかもしれないが、同級生にも山口百恵信奉者が多かった。対して桜田淳子派はかなりの少数派だったことも思い出される。

「ひと夏の経験」以降の山口百恵のシングルはほぼすべて大ヒットする。初期の頃からの千家和也―都倉俊一の歌謡界黄金作家コンビは、いつしか阿木曜子―宇崎竜童コンビへ変わった。これはダウン・タウン・ブギウギバンドの「涙のシークレット・ラヴ」を聴いた山口百恵が、阿木―宇崎の曲を歌いたいと希望して実現したものだそうだ。そのシングルA面第一弾が**「横須賀ストーリー」**（76年）。「ひと夏の経験」から2年後のことだ。その後の阿木―宇崎の曲による山口百恵第2章ともいうべき快進撃については語るまでもないだろう。阿木の作詞のセンス、宇崎の醸し出すメロディーラインは、当時の音楽シーンにおいて最先端を走っていたといっても言い過ぎではない。こうして山口百恵は歌手として不動の地位を築いていったのだ。

▼山口百恵と原辰徳のシンクロ

さて、「ひと夏の経験」が大ヒットしていた頃、夏の全国高校野球選手権大会に、1年生のさわやかなマスクの好打者が登場した。

東海大相模の**原辰徳**である。1965年に三池工業を率いて初出場初優勝という快挙を成し遂げ(オタク的話題だが、三池工業の全国大会出場は現時点でこの1回だけだ。だから三池工業は甲子園出場校中、唯一の勝率10割の高校である。また工業高校で夏の甲子園を制したのも三池工業だけである)東海大相模に移ってからも1970年に優勝と、すでに名監督の誉れ高い父の原貢が監督を務めていることもあって話題性も十分だった。

夏の甲子園の歴史上、最初にアイドルと呼ばれた選手は三沢の太田幸司であると言われている。彼は、われわれの7年先輩にあたる。翌年は、箕島の島本講平が「コーちゃん2世」などと騒がれた。アイドルというより怪物と称された作新学院の江川卓もいる。江川が高校野球ファンの話題を独占したのは前年の73年である。もとより、夏の甲子園には大会の回数分だけヒーローが生まれているが、それは歴史上、ほとんどが投手なのだ。原辰徳以前にも打者として注目された選手はいるが、この夏は、甲子園のアイドル野手第1号は原辰徳だといいきれるほどのフィーバーであった。それはわれわれと同年代の野球選手で最も早く全国にその名が知れわたったのが彼だということも意味している。

つまり山口百恵の大ブレイクと原辰徳フィーバーはほぼ時期が重なるのだ。

東海大相模は原辰徳の活躍もあり準々決勝に進出。ここで延長15回の死闘の末、後にプロ野球の巨人で一緒にプレーすることになる定岡正二がエースの鹿児島実業に敗れるのだが、これが第4試合だったため、試合終了時は完全にナイターになっており、カクテル光線に照らされて静かに甲子園を去る原辰徳の姿が女性ファンのハートを揺さぶった。

その後の高校時代の原辰徳の人気はすさまじかった。また、それに応えるかのように原辰徳も3年連続で夏の甲子園の土を踏むのだが、結局優勝はできなかった。春も準優勝までである。

ちょうど山口百恵が「横須賀ストーリー」で新境地を開いていた頃、原辰徳は高校最後の夏に敗れている。原辰徳にとって高校野球という舞台が終わりを告げたとき、山口百恵は「これっきりですかぁ」と歌っていたわけだ。

全く違うジャンルでのスターである山口百恵と原辰徳だが、まさに偶然ながら**ともに神奈川県に縁がある**。出身地でいえば、山口百恵は東京都渋谷区であり、原辰徳は福岡県の大牟田市だが、後に山口百恵は横須賀市に、原辰徳は相模原市に移り住むことになって神奈川のイメージが強い。

そんな共通点がある2人だ。これはあくまで同級生としての感覚だが山口百恵と原辰徳を対談させてみたかった（私の記憶ではそのような企画はなかったと思う）。山口百恵は芸能界のスターであり、山口百恵が現役の頃、原辰徳は高校、あるいは大学のつまりはアマチュア野球界のスターである。

「横須賀ストーリー」から4年後の80年、山口百恵引退フィーバーで世間が湧いていた頃に原辰徳が東海大の4年生で**ドラフトの大注目選手**として騒がれ4球団競合の末、巨人入団が決まるというタイミングも今思い出すと非常に興味深い。山口百恵が、引退と同時に「主婦」という新しい世界に自ら望んで入って行こうというとき、原辰徳はプロ野球界という新たな世界に、それも自らが望んでいた巨人に進むことが決まったのだから。

この幻の対談は、もし仮にホリプロ側が望んだとしても高校野球連盟も学生野球連盟も首をタテに振ったとは思えないから実現は極めて難しかっただろう。でも実現していたら二人はどんな会話をしたのだろうか？

蛇足だが、原辰徳と三浦友和はどこか似ている気がする、と友人たちに言ったところ、結構賛同があった。

▼山口百恵に「負けた」マッハ文朱

さて74年、山口百恵と同じスター誕生の決戦大会に出場した、もうひとりの同級生が全く違う世界でデビューする。**マッハ文朱**である。スタ誕で彼女にはプラカードが上がらず、歌手デビューは叶わなかったという経歴は、彼女を覚えている人にとっては有名な話だが、それにめげることなくマッハ文朱は身体能力の高さを活かしてこの年全日本女子プロレスに入門する。そして、日本の女子プロレスを明るく華やかなものに変えた革新的大功労者となる。彼女がいなければ、おそらくビューティ・ペアもクラッシュギャルズも生まれていない。

マッハ文朱は女子プロレスで名を馳せたことで、後に女優としてデビューを飾ることにもなる。当時の常識では考えられない形で芸能界へのリベンジを果たしたのだからマッハ文朱の生き方は爽快だ。そして、なんと！今年（2018年）8月、36年ぶりに新曲を同郷熊本出身の沢井明と初のデュエットで発売した。うかつにも彼女が歌手でもあったということを忘れていた。元気で活躍はうれしい限りだ。

プロレス、格闘界には、ほかにも**越中詩郎**、**前田日明**といった著名な同級生がいる。

全日本プロレスから新日本プロレスへ、そしてフリーへとプロレスラーとして活動し続ける越中詩郎。新日本プロレスからUWFへ、総合格闘家へという前田日明については、ともに素晴らしいことは理解しているが、私がこの世界に詳しくないということもあるので、この2人についてはパスさせていただく。他意はないので、悪しからず。

▼75年　山口百恵の「赤いシリーズ」

高校時代に戻ろう。75年はベトナム戦争終結の年である。4月、サイゴンのアメリカ大使館に、南ベトナム解放戦線の戦車がで突入するシーンを覚えているが、フツーの高2生にとってそれは、あくまでもニュースの中の映像にすぎなかった。

義務教育で巨人V9を学ばされた影響か、私の入った高校（男子校）の巨人人気はすさまじかった。これはおそらく日本中の昭和33年度生まれの皆さん共通であろう。名古屋、大阪、広島、福岡周辺に住んでいた皆さんはそうでもない？　いや、それでも巨人ファンは相当いたはずだ。

高校の同級生は報知新聞（現スポーツ報知）を通学途中で買い、学校で授業の合間の休み時間にそれを読みながらあーだこーだと巨人の話で盛り上がる。私はそんな話題には全く興味がないから、別に彼らとケンカはしないが、そういうときは黙っているしかなかった。高校の3年間、私は個人的にはあまりいい思い出がないのだが、これはその理由の一つでもある。私が入学したのは進学校の片隅に置かれるような私立の男子校だった。でも私は勉強もろくにしないで陸上部の部活と麻雀に明け暮れ、家ではラジオの深夜放送を聴きまくっていて毎日眠いことこの上なかった。一人っ子だったので、兄弟から何か言われるようなことがなかったのが良かったのか悪かったのかはわからないが、このようなすさんだ日々を送っていたので、山口百恵、原辰徳の人気のすさまじさもどこか他人事のようだった。

それでも**山口百恵**の怒濤の勢いは歌手としてだけでなかったこともあれだけ騒がれればいやでも耳に入ってくる。その一つはテレビドラマ「**赤いシリーズ**」が高視聴率を記録していたらしいということだ。

調べてみると「赤いシリーズ」はスペシャル版も含めると10作品もあったということにまず驚く。興味がなく全く観ていない私は「赤いシリーズ」＝山口百恵と三浦友和の共演と勝手に思い込んでいたが、実はそうでもない。連続ドラマとしてはたった2作品だ。この2人の最初の「赤いシリーズ」での共演は私でも題名くらいは知っている第2弾の『**赤い疑惑**』（75年、TBS）だ。なんと、平均視聴率は23％を超えている。次の2人の共演は第4弾の『**赤い衝撃**』（76年、TBS）。このタイトルも聞いた覚えがあるが、平均視聴率は27％超である。今、改めてこの数字を見ると「衝撃」どころかめまいがしそうだ。後は、山口百恵が引退の時期に作成された2時間のスペシャル版『**赤い死線**』（80年、TBS）でもこの2人が共演している。『赤い死線』も最高視聴率が23・3％。

私には「なぜ、そんなに多くの人が見たの？」としか思えない。

また、映画『伊豆の踊子』の主演が決まったときの世間の異常なまでの騒ぎ方も忘れられない。

川端康成原作の『伊豆の踊子』は、田中絹代、美空ひばり、吉永小百合といった、説明無用のスターが主演を演じて何回も映画化されてきている歴史がある。つまり**『伊豆の踊子』の主演女優＝スーパースターという理屈**だ。特に歌手でもあるということで、美空ひばりとの対比が話題にされた。天才少女歌手から歴史的スーパースターになっていく美空ひばりが映画『伊豆の踊子』の主演で撮影したときと、当時の山口百恵の年齢がほぼ同じであったからというのも大きかったと思う。

山口百恵主演の映画『伊豆の踊子』の公開は1974年12月で共演は三浦友和。「赤いシリーズ」より一足早い山口百恵との初共演だった。これが「ひと夏の経験」で世間に度肝を抜かせてから数カ月後のことだ。1年前には新人賞レースでさえ、先頭集団にいなかった山口百恵は、アッという間に同年代との比較という域などはるかに超えるところまで行ってしまったことがわかる。

こういったいわゆる〝**山口百恵現象**〟が次々に起こり、またそれで盛り上がる同級生が同じクラスにかなりいたことで、山口百恵人気はある程度理解できたが、花のトリオの他2人、桜田淳子、森昌子については一体どんな世代に人気があったのか？

▼そのとき桜田淳子は？

森昌子はデビュー当時のところでも申し上げたように、歌謡曲好きのオッちゃん、オバちゃんが長く彼女を支えたのだ。無論、その基盤として彼女の確固たる歌唱力があったのは間違いない。歌のうまさは折り紙つきだ。

では、**桜田淳子**は？　今考えても、どんな層に受けたのか、私はあまりよくわからない。少なくとも同年代男子からは森昌子同様、あまり人気がなかったように思う。

そういったことは別にして桜田淳子は清純派のイメージを維持しながら徐々に大人の雰囲気を醸し出しつつ、本人の努力はもちろんあっただろうが陽の当たる道を歩み続けた点がすごい。桜田淳子が山口百恵現象を感じなかったはずはないが、自身のチャームポイントをわかっていたのかそれを発揮し、人気を維持し続けた。ヒット曲も少なくない。オリコントップ10位内に入った曲は1位になった「**はじめての出来事**」以下全部で18曲もあり、そのうちの14曲が高校卒業までに発売されている。

「桜田淳子の曲の中では中島みゆきの作品が…」という声を結構耳にするが、私は、とりたてて評価はしていない。別に桜田淳子らしいとも思えないし、中島みゆきがいなくてもやっていけた、と思うからだ。

女優としてもさまざまな活動をしている。映画は75年から78年までに主演作だけで5本。マドンナ役ではないが『**男はつらいよ**』にも17歳の時に出演している。舞台女優としては『**アニーよ銃をとれ**』で3回も長期公演の主演を担っているし、それまで数々の大女優が演じてきた『**細雪**』では4女の妙子役を6年半も務めている。テレビドラマの出演も数多い。桜田淳子はしっかりと独自の世界を作り上げていったのだ。

個人的に桜田淳子で印象に残るテレビ番組があるのだが、それについては後述する。

90年代に入って統一教会合同結婚式を経て芸能界を去るまで（近年、突如、復活しようとしているいろと物議をかもしているが）、桜田淳子は「花のトリオ」の中では最も多岐にわたって活躍したのではないだろうか。その存在感は決して山口百恵、森昌子に劣るものではない。

▼高校時代にデビューしたもうひとりの同級生・岩崎宏美

さて、高校時代、「スター誕生！」からはわれわれの同級生でもう一人、とても息の長い実力派歌手が誕生している。**岩崎宏美**である。

「花の中3トリオ」の3人と違い、私は岩崎宏美の出場した決戦大会を視聴していた。74年夏のことだった。その時期からして岩崎宏美は「花の中3トリオ」である同級生の活躍を見て刺激を受け、この番組に挑戦してきたのだろう。確かに歌がうまかったが、その大会で圧倒的な支持を集めたのは黒木真由美（彼女はわれわれの一つ下）だった。萩本欣一が例によって「いかがでしょうか！」と言う前から十数本のプラカードが次々に上がり、会場が大歓声に包まれたのだ。

一方で岩崎宏美はどうだったかといえば、萩本欣一の掛け声の後は一瞬の沈黙があって、それから数本がやっと上がり萩本が「上がった、上がった」と喜び、岩崎宏美が号泣するというような感じだったのだ。岩崎宏美は合格であり、それだけですばらしいことではあったのだが、この決戦大会での主役は間違いなく黒木真由美だった。

しかし、芸能界とはわからないもので、黒木真由美は決して売れたといえる歌手にはならなかったが、岩崎宏美は75年のデビュー曲「**二重奏（デュエット）**」から始まって2曲目の「**ロマンス**」が記録的な大ヒットになり、以降は出す曲が次々にヒットしていく。ちなみに岩崎宏美と森昌子は堀越高校の同級生（森昌子は小野学園女子高からの編入）であり、結婚、出産、離婚などたどった人生もよく似ている。岩崎宏美はほとんど休養の期間なく活動し続けている点で、歌手としては森昌子以上かもしれない。

ところで、岩崎宏美はデビュー当時、一般的にアイドル歌手と呼ばれたことになっている（実際にそう称されていたような気がする）が、どうだろう？　本人がそれでよければ別に構わないが、そのような雰囲気を岩崎宏美から感じたことが私はない。71年から始まったアイドル歌手の悪く言えば乱造現象は、この頃になるともう限界に達していたし、乱造だったがためにその大半はすでに消えていた。岩崎宏美をその範疇にいれるのに抵抗がある。彼女の歌唱力は、やはり別格と申し上げたい。

Ⅱ 「そうだ、いたいた」的な

▼懐かし番組の常連・伊藤咲子

結局、**山口百恵、桜田淳子、森昌子、岩崎宏美は70年代後半に〝アーティスト〟になることができ**、そのような存在として記憶に残っていくわけだが、違った道を歩んでいった同級生たちもいる。もちろんこの時点で、われわれは自分たちの行方も含め、どんな道が待っているかをわかっていない。

スター誕生から「**ひまわり娘**」で74年にデビューを飾った**伊藤咲子**もその一人だ。若い頃から太く高く響く声である。つまり「実力派」である。「**木枯しの二人**」(74年)や「**乙女のワルツ**」(75年)「**きみ可愛いね**」(76年)等のヒット曲もあるし、紅白にも出場している。しかし、そのアイドル歌手としての全盛期は、正直のところ影が薄い。伊藤咲子よりすべてにおいてスケールの大きな歌手が周りにたくさんいすぎたせいもあろう。だから正しくは伊藤咲子の影が薄いというより、他が濃すぎたというべきかもしれない。

結婚し、歌手活動休止後、カラオケパブの経営をしている頃、テレビで観た伊藤咲子はアイドル歌手のときとは全然違ったイメージで少々驚いたが、明るくいい表情だった印象がある。その後、離婚、再婚して、歌手活動を再開した。昨今「昭和歌謡」を回顧するテレビ番組が盛んだが、そういう番組では「常連」のように感じられた。そして、なんと今年（２０１８年）４月、**『恋する名曲娘』**というニューアルバムを発売した。その中ではアイドル歌手時代交際、しかし成就することはなかった城みちる（彼は一つ年上）とのデュエット曲まで収録されている。

伊藤咲子について詳しく知っているわけではないが、人生を謳歌するとはこういうことなのだと、還暦を迎えた今年、彼女自身で表現しているようにも思える。

▼女優・西川峰子

伊藤咲子同様、74年にデビューした**西川峰子**（現**仁支川峰子**）は、デビュー曲「**あなたにあげる**」がいきなり大ヒットした。演歌歌手としての素質は十分に備えていたと思うし、紅白にも4年連続で出場している。他にもヒット曲は「**峰子のマドロスさん**」などあるのだが、私は「あなたにあげる」以外メロディーラインが思い浮かばない。

西川峰子は70年代の歌手時代よりむしろ女優として、あるいはタレントとして長く活躍し続けている。80年代に入ってからは『陽暉楼』（83年）、『吉原炎上』（87年）、『青春の門』（88年）、『華の乱』（88年）といった映画に出演し、激しくも妖艶な役柄を演じ、（大胆な裸体にも）「おお！」と唸ったものだ。

２００９年、仁支川峰子と改名している。これは離婚後のことであったから心機一転という気持ちもあったのであろう。大病を経て、元気になって活躍している姿をとても嬉しく思う。

▼「いい感じ」の相本久美子はマルチタレント

同じく74年にアイドル歌手としてデビューした**近藤久美子**（後に本名の**相本久美子**になる）は、歌手でありながらレコードが売れずにグラビア等で人気を博した。ほぼ同時期にデビューしている木之内みどり（この人は1つ年上）もそうだったが、こんな例はそれまでなかった。相本久美子は14曲ものシングルを発売しているのだが、私は1曲も知らないし、ヒットもしていない。だが、相本久美子は間違いなく人気があったし、私も相本久美子が決してきらいではない。その全体から醸し出される雰囲気がよく、嫌われる要素がほとんどないのが相本久美子の最大の長所であろう。だから後にタレントとして活躍できたのだ。たとえば日曜午後の「**TVジョッキー**」。土居まさるの横でアシスタントを長く務めていたのを覚えている人も多いだろう。

80年代に入ってからも根強い人気に支えられていたように思うが、87年に結婚、母となって94年に離婚、２０００年以降、再度、ときどきＴＶで見るようになって「元気でいたのか！」とうれしくなったものだ。

２０１５年には15枚目となるシングルを久々にリリース、ライヴもその頃から積極的に行なっている。相本久美子は、ほんとうは歌手としての意識が強かったのかもしれない。アイドル歌手時代、売れなかったのはたぶん楽曲に問題があったのだ。還暦以降もぜひ、がんばってほしい。

▼岡田奈々は〝ポッキー〟だけではない

岡田奈々のアイドル歌手としてのデビューは75年だ。彼女を見ているとなぜか照れくさいような、どこかくすぐったいような感覚になったのを思い出す。目が大きくてかわいいということを否定はしないが、なんだか見ていられないというような感覚とでもいったらいいのか……。彼女もアイドル歌手としてヒット曲はほとんどない。記憶にあるのは76年リリースの「**青春の坂道**」と「**ポッキー**」の**CM**くらいか。高校時代、教室で私の前の席に座っていた同級生は岡田奈々の大ファンであった。熱狂的なファンが多かったのも特徴だと思う。

岡田奈々は、80年代以降女優として決して目立つほどではなかったが、映画やドラマなどで活躍する頃になって、本当の意味での存在感を示し始めたような気がする。70年代のドラマ『**俺たちの旅**』（75～76年、日本テレビ）の田中健扮する中谷隆夫の妹、真弓役より、80年代のドラマ『**スクール☆ウォーズ**』（84～85年、ＴＢＳ）の山下真司扮する滝沢賢治の妻、節子役のほうが岡田奈々の魅力が発揮されていたように思う。今も大きな目は変わらないまま、年齢相応の役柄を自然に演じているのを見かけるとなんだかとても安心する。

昨年、**ＡＫＢ48（ＳＴＵ48）に岡田奈々という人物がいる**のを知って仰天してしまった。さらに驚いたのは今年（２０１８年）のＡＫＢ総選挙で堂々５位になっていることだ。われわれの知っている岡田奈々は芸名だが、こちらの岡田奈々はたぶん本名なのだろう。岡田という姓の両親が自分の娘に「奈々」と名付けたというだけのことだろうから、それじたいは何の問題もない。またお父さんが岡田奈々のファンだったかどうかも私には関心がないが、きっと、あの高校の同級生がこのことを知ったら「岡田奈々はあんな顔ではない！」と怒っているだろうなと思う。

▼「グランド・ファンク」

最近、あるテレビ番組を見ていたら「音楽：GRANDFUNK」とクレジットされていて驚いた。われわれ世代が想像するGRNADFUNKは、70年代に活躍したアメリカのハードロックバンド、グランド・ファンク・レイルロード（以下G・F・R）以外にないからだ。ところが番組中、G・F・Rの曲など一つもかからない。調べてみると、GRANDFUNKは映像音楽制作会社だそうだ。創業者はわれわれの1年先輩。なるほどG・F・R真っただ中の世代である。この会社は90年に設立されていて著名な音楽賞も受賞したことがあり、作品のクオリティーも高いそうだ。たぶん、G・F・Rの存在を知ってつけた会社名だと思う。

G・F・Rは「グランド・ファンク」と、レイルロードをバンド名から省略していた時期もあった。つまりGRAND　FUNKだったから、これでは無断使用も同然ではないかと私は思うが、岡田奈々といい、GRANDFUNKといい、世間でなにも批判されないのだからいいのだろうが、納得できない気分は残る……。

ついでに言ってしまおう。私が最も好きなロックバンドは、実はG・F・Rである。

彼らは、再結成も含め、計4回来日している。4回目が97年6月だったが、71年7月の初来日は「嵐の後楽園球場」としてロック史における伝説である。残念ながら4回の来日のうち、唯一行けなかったのが71年だ。中1でまだ私は洋楽に目覚める前だったからそれはやむを得ない。

リーダーにしてリードボーカルでもあったマーク・ファーナーのギターはお世辞にもうまいとはいえなかったし、ドラムスのドン・ブリューワーはスピード感だけだった。メル・サッチャーのベースは下っ腹に響く重さが真骨頂で、G・F・Rサウンドの骨格も担っていたと思う。G・F・Rの魅力は、たった3人（後にキーボードのクレイグ・フロストが入って4人になる）でただひたすら全力疾走するエネルギーの凄さだったのではないだろうか。カッコつけないからカッコいいのである。その大音量に比肩する存在を私は知らない。

私はキッスもエアロスミスも、G・F・Rなしには生まれなかったと確信している。

97年の再結成来日コンサートは2日間とも中野サンプラザに行った。狭い中野サンプラザだから当然2日間とも超満員だった。50歳前になっていた彼らに全く衰えは感じられず、熱狂したのを覚えている。その時買ったG・F・RのTシャツは、妻にごちゃごちゃ言われながら、今も時々着ないではいられない。

だから、できることならGRANDFUNKではなく、違う名前の会社にしてほしかったというのが私の正直な気持ちではあるが、そんな主張をここでしてみたところで意味はないか。

Ⅲ　女優たちはもう大人

中学生時代ははっきり言って「花の中3トリオ」だけだったわれわれ同級生の活躍は、高校生になると歌だけでなく映画、演劇、あるいはテレビドラマの分野でも本格化する。魅力的な役者がデビューし始めるのだ。ここでも目立つのはやはり女性陣である。

▼女優たちの一番手は早乙女愛

トップバッターと言っていいのは**早乙女愛**だろう。**映画『愛と誠』**の主人公早乙女愛がそのまま芸名になってしまったのは、ご存じのとおり。早乙女愛役は公募だった。それまで鹿児島に住むただの女子中学生だった後の女優早乙女愛は約4万人の中から選ばれたのだ。74年のことだった。山口百恵とは違った意味でその出現は芸名も含め、センセーショナルだった。週刊少年マガジンに連載された同名漫画の映画化。原作は梶原一騎、梶原がスポ根以外のものもやることが意外に感じられた。

映画は3部作で、早乙女愛はすべてに出演（主演）。相手役の大賀誠は、西城秀樹、南条弘二、加納竜と1作ごとに変わっている。

この『愛と誠』は映画の第1作が封切られた74年、東京12チャンネル（現テレビ東京）で**ドラマ化**されている。当時の東京12チャンネルはまだネット局も持たない東京ローカル局であったため、視聴率では「番外地」とさえ言われ、今よりもはるかに独自路線を歩んでいた。その頃の一般常識では過激なストーリーである『愛と誠』、これを連続ドラマとして放送するのはかなり勇気のいることで、当時の状況からして他局はまず、ドラマ化など考えない。しかし、話題の劇画であり映画化もされた作品なら、批判されることはあるかもしれないが、世間からの関心を集める可能性が高く、平凡なドラマなどより「番外地」東京12チャンネルとしては視聴率も期待できる。それで放映に踏み切ったのであろう（これはあくまで私の想像である）。東京12チャンネルはすでに4年前には多くの批判を浴びながらも話題を集めた『ハレンチ学園』の実写版ドラマ化もしている局だ。

72年の「あさま山荘事件」のときも、NHK、民放各局がすべて現地の映像を流しているとき、通常の番組を流していて、それが今もオタク系の話題になったりする東京12チャンネル。もっとも「あさま山荘」のときは、独自路線だったのではなく、当時の東京12チャンネルには、長野から電波を飛ばす術がなかっただけのことなのだが……。

▼そして池上季実子

テレビドラマの早乙女愛役は、歌舞伎役者8代目坂東三津五郎の孫にあたる梨園の血を引くサラブレッドともいうべき**池上季実子**であった。彼女は『愛と誠』の少し前にNHKのドラマでデビューしてはいたが、『愛と誠』は事実上のデビュー作といってもいいものだった。彼女もまた同級生なのである。

早乙女愛と池上季実子の全く違う生い立ちの妙と、ふたりともわれわれの同級生であるというところに、当時の私には魅かれるものがあった。というより、ああしたロングヘアーには弱いのかもしれない。

ふたりは『愛と誠』をきっかけにさまざまな映画、ドラマに出演していくことになる。特に早乙女愛は、75年にはダウン・タウン・ブギウギバンドのヒット曲に合わせて作られた**映画『港のヨーコ、ヨコハマ・ヨコスカ』**にも主演。4万人の公募から選ばれたシンデレラガールらしく、池上季実子より、ハイペースで突き進んだといえるだろう。ただ彼女は体当たり演技派のまま、いつしか巷から消えた印象が強い。

池上季実子はむしろ80年代に入ってから、次なる輝きを放っていったような気がする。

ふたりの個性はかなり強烈だった。これは私だけの感想かもしれないが、生い立ちも違えばタイプも全然違うのに、空気感とでもいえばいいのか、どこか似た雰囲気を感じていた。だから監督が『愛と誠』の早乙女愛役に選んだともいえるわけだが……。

早乙女愛が、すでに芸能界を引退していたとはいえ、2010年にその短い生涯を終えたニュースを耳にしたときは心が痛んだ。ご冥福を祈りたい。

▼現役バリバリの原田美枝子

原田美枝子の登場も結構な衝撃だった。

彼女の映画デビューは1974年だが、その名を一気に高めたのは76年の水谷豊とともに主演を演じた**『青春の殺人者』**であろう。その前に早乙女愛主演の**『港のヨーコ・ヨコハマ・ヨコスカ』**にも脇役で出ている。そして76年には**『大地の子守歌』**（76年）にも出演し、数々の映画賞を受賞した。

この頃からはいろいろなテレビドラマにも存在感たっぷりの演技で出演、「わが同級生やるなぁ」と勝手に快哉を叫んでいたのを思い出す。媚びることなく個をしっかりと持っていてブレないからカッコいいというのが、私の原田美枝子の印象だ。惜しげもなくヌードをさらしていたのも悦ばしかった。もちろん、演技力もすばらしい。でも、夫が石橋凌というのは出来過ぎだ。いい男といい女の夫婦すぎる。今も元気な姿をテレビでしばしば見かける。新境地に達したのではないだろうか。ちなみに娘の石橋静河も現在売り出し中。

▼男優も挙げておこう

井上純一である。早稲田高等学院1年時にジャニーズ入りしている。当然早稲田大にも進学したわけだが、芸能活動が忙しく、大学は中退している。歌手としての印象は薄く、俳優での活躍のほうが記憶にある。**『ゆうひが丘の総理大臣』『あさひが丘の大統領』**（日本テレビ）などさまざまなドラマに出演し、70年代後半から80年代にかけて、特に目立っていたように思う。そしてあくまで私の主観だが、歴史的名声優である戸田恵子（この人は一つ年上）と90年に結婚しているのがちょっとびっくりである（2006年離婚）。今も間違いなく活動しているが、あまり見かけないのが残念だ。高偏差値校出

身を生かしてクイズ番組に出ないだろうか。

70年半ば、高校生的な嗜好性

▼高校時代の洋楽シーン

「同級生」のことはちょっとおいて、高校時代の音楽シーンを振り返っておこう。われわれはアフタービートルズの世代なので、悲しいかな若干後追いになっていることを思い出す。

70年のビートルズ解散後、雑誌の人気投票でビートルズに代わって1位になったのが68年にデビュー（アルバム発売は69年）して破竹の勢いを見せていたハードロックバンド、レッド・ツェッペリンであり、ビルボードのアルバムチャートでビートルズの『アビイ・ロード』を抜いて1位になったのがプログレッシブロックの代表的バンドであるキング・クリムゾンのデビュー・アルバム『クリムゾン・キングの宮殿』だった。これは時代の変化を象徴する出来事だが、当時まだ小6のわれわれは、それをほとんど実感していないはずだ。

ツェッペリンもクリムゾンも、同級生でそれを初めて聴いたのは、どんなにマセたヤツでもせいぜい72年くらい（中2か中3あたり）であろうと想像する。

ツェッペリンは俗に「フォーシンボルズ」と呼ばれる4枚目の傑作アルバムを発売したのが71年の暮れであり、クリムゾンもまた、最盛期と評価される第Ⅰ期では最後の4枚目『アイランズ』の発売が71年である。

ハードロックバンドでは、特に日本での人気が高くデビューはツェッペリンより少し早いディープ・パープルの最盛期がやはりツェッペリン、クリムゾンとほぼ一致する。72年来日時のライヴアルバム『ライヴ・イン・ジャパン』が大ヒットし、ライヴバージョンとしての「スモーク・オン・ザ・ウォーター」がシングルカットされその人気が世界に広まった点でも日本人はこのバンドに愛着を持っている人が多いと私は解釈している。高校時代、どの高校の文化祭でも「スモーク…」のイントロのリフが流れていた。

クリムゾンやパープルはメンバーチェンジや解散、再結成を繰り返し、長く活動し続けるが、この70年代初頭以上の輝きを放ったことはない。また、ツェッペリンは、われわれが高校に入学した頃からボーカルのロバート・プラントに不幸が続くなど一時、休止状態を挟みながら、4人の強固なメンバーで80年までは活動を続けるが、パワフルにして唯一無比のドラマー、ジョン・ボーナムの急死により解散を余儀なくされた。やはり、70年代初頭以上のものは作り出せなかった（ボンゾの息子を入れた「再結成」もあったが……）。

この3バンドだけをとっても「全盛期を同時代、つまり70~72年にすべて聴いて熱狂していた」などという同級生は、よほどの特殊な状況で生活していない限りたぶんいないだろう。

そして、ロックは無論、ハードとプログレだけではない。オールマンブラザーズバンドを筆頭とするサザンロック、デビッド・ボウイ、T・レックスを中心とするグラムロック、ジェファーソン・エアプレイン、イーグルス、ドゥービー・ブラザーズ等のウエストコーストサウンドなど、ビートルズの解散とほぼ時を同じくして百花繚乱のごとくあふれ出た後世に残るバンド、ミュージシャンと優れた楽曲の数々は、前出の3バンド同様、われわれが高校生になった頃にはほぼ出尽くしたといってい い。**ロック界は行き詰まり、硬直し、混迷の時代に入りつつあった**のだ。少し先になるが、77年（われわれの高校卒業の年）デビューのセックス・ピストルズが、ロックの終わりの象徴だとする意見もある。

同時に第一次ディスコムーブメントが次第に押し寄せてくるのだが、このジャンルについては、私はよくわかっていない（同級生のイケテル奴らは知っていたのだが、私には麻雀のほうが大事だった）ので、省略させていただく。

ロックに目覚めたわれわれはこの頃、すでにたくさん生まれている「名盤」と称されているアルバムを必死に後追いで聴こうとすることになる。しかし、アルバムや曲を聴くことが今よりはるかに困難な時代だから、友人からレコードを借りて傷をつけないように丁寧に扱ったりFMのエアチェックをしたりという行動をとらざるをえなかったのだ。そうして、聴くや否や、今度は訳知り顔でウンチクを垂れるようになっていった。虚しい後追い知ったかぶりの性である。

▼世界の先を行っていた同級生女子たち

そんな中でもロックバンドは次々に登場する。70年代第2世代を代表するバンドの一つと言っていいのがたぶん、クイーンだろう。**クイーンのデビューは73年で、当初日本以外ではほとんど売れないバンドだった**。日本の敏感にして鋭い感性の若き女性陣だけが、その魅力をいち早く感じ取っていた。その中にはわれわれの同級生も間違いなく多分に含まれている。優秀な**同級生女子たち**である。

クイーンの曲が一般的に初めて認知されるのは74年に発売された3枚目のアルバム『シアー・ハート・アタック』に収録されている「キラー・クイーン」であり、その人気が世界的な規模に広がるのが4枚目のアルバム『オペラ座の夜』と「ボヘミアン・ラプソディ」であることに異論はあるまい。そして、その後、ロックバンドとして類まれなほどのアルバムセールスを記録するバンドになっていく。

そして、これとほぼ同じ時代に、キッスやエアロスミスが一気に世界的なロックバンドになる。

皆、好きなバンドだが、正直のところ何か時代の新しい息吹を感じさせるものではなかったのも事実だ。これは70～73年ぐらいの間に世界のロック界で、新しいものはほぼ出尽くしたということの逆説的証明にもなろう。

一方で、**ベイ・シティ・ローラーズ**も驚異的な人気を博した。ベイ・シティ・ローラーズはポップグループ、アイドルグループ的要素が強いから他のロックバンドと同列に扱うことには抵抗があるが、その全盛期の楽曲が優秀だったことは素直に認めたい。そして、クイーン同様、いち早くそこに飛びついたわれわれの同世代を中心とする日本女性の敏感さにも改めて拍手だ。

▼日本の音楽シーンについても

このように、高校時代、世界のロック界は硬直気味（後にパンクの時代を迎え、ロックは80年代、90年代にさらなる進化を遂げ、様々な融合も経て今に至っている。念のため）だったが、日本の音楽シーンに目を転じると大きく変化した時期だったのではないかと思われる。山口百恵の曲が、千家―都倉コンビから阿木―宇崎コンビに変わるだけではないのだ。

74年の暮れ、結構驚いたのは、吉田拓郎が作曲した「襟裳岬」を森進一が歌って大ヒットし、レコード大賞を受賞したことである。拓郎ファンが同年代にいたのは覚えている。フォークシーンにおいて大きな存在になってきていることも知識としては持っていたが、このような演歌とフォークの融合的な現象が起きるとは、という驚き、「拓郎ってそんなにすごいんだ！」という驚きである。

74年は前年からの流れで、フォークが元気で、かぐや姫、海援隊に続き、グレープ、山本コータローとウィークエンド、ニュー・サディスティック・ピンク（NSP）といったところがヒット曲を飛ばして世に出てくるし、75年には、アリス、イルカ、バンバン等に続いていよいよ荒井由実が一気に浸透してきて、ニューミュージックという表現が使われ始める（このへんのアーティストはすこしだけ上の世代である）。

さらにこの年は日本のミュージックシーンにおいて、忘れてはならない出来事が起こった。小室等、吉田拓郎、井上陽水、泉谷しげる、の4人によるフォーライフレコードの設立である。この時代、洋楽では硬直した時代を象徴するかのような（評論家渋谷陽一氏曰く）「産業ロック」という、聴き心地がいいだけでただ売らんがための主張のないロックがはびこるようになっていたのだが、日本はその逆で、いよいよアーティストが、それも誰もが認めるビッグネーム4人によって自らやりたい音楽をやり始めようとしたのだ。

しかし、やり始めようとはしたが、残念ながら理想的な状況が長くは続かず、77年には「以前の方向性と違う」と泉谷しげるが早くも脱退。フォーライフレコードの解散は2001年ではあるが、この時点で、方針転換をしてしまったわけだから「フォーライフ」という名の単なる一レコード会社になってしまったといえよう。理想を現実化させることの難しさを感じざるをえない。

このあと登場する早熟の天才同級生、**原田真二**も、ちょうどフォーライフの過渡期、社長が小室等から吉田拓郎に代わった直後に見出されデビューしている。原田真二の不運はそのあたりにもあったかもしれない。

▼深夜放送にふれないわけにはいかない

さて、ニューミュージック旋風ともいうべき前述した彼らの楽曲は、それぞれ〝すぐれているからヒットした〟のは間違いないのだが、ほとんど皆、同時にラジオの深夜放送のDJ（というよりパーソナリティ）も担当していた。

ヒット曲の誕生は、深夜放送内でのパーソナリティ（個性）が人気を博したことと無縁ではない。

深夜の人気者である彼らの作った楽曲が番組内でかけられることで、リスナーは当然、耳に入ってきやすい。

高校のクラスでも全員とはいかないまでも深夜放送の聴取率はかなりのものであった。前日、つい早く寝てしまい深夜放送の話題についていけないと寂しい思いをしたものだ。「今度こそは起きて聴いてやる」と変な闘志を燃やしていたのだから相当にゆがんだ日々の生活だ。つまり、深夜の人気者である彼らの曲がラジオで聴かれることによって火が付き、ヒットにつながったケースは決して少なくはなかったのだ。


ところで、それほどこだわって聴いていた深夜放送、その多くは「パック・イン・ミュージック」であったり「セイ・ヤング」「オールナイトニッポン」だったと思うが、生来の、他人と同じでは納得しない性格だった私はそれだけでは飽き足らず、最も好きで聴いていたのは午前3時から始まる文化放送（この頃ネットしていたのは東海ラジオ、ラジオ大阪、中国放送、現在もそのままかどうかは知りません）の「**走れ！歌謡曲**」だった。日ごとに代わる6人の女性パーソナリティの話術はとてもレベルが高く、この番組は今もあるが、現パーソナリティとは失礼ながら次元が違っていた。

その水曜深夜担当いぬいみずえさんが番組内で紹介した沢木耕太郎の初期の傑作ノンフィクション『敗れざる者たち』を買い、読んだことで、単なるスポーツ好きなガキだった私の感覚が「スポーツ報道への憧れ」に変わった。極端な言い方をすれば私の人生の方向性を決定づけた番組とも言えるのが「走れ！歌謡曲」だった。

そうしてますます深夜放送へのめりこみ、日々の生活は破綻した。私以外の高校の同級生は皆、勉強もしっかりしていたらしく、深夜放送聴取以外の時間を麻雀と陸上部の部活に使ってほとんど勉強しなかった私の成績はどんどん落ちていった。

▼74〜76年　「ひでえヤツら」の記憶

さて、高校生時代の社会の動きはどうだったか？　自分の殻に閉じこもりがちの暗い日々を送っていた私にとっては、若干世相に疎い3年間だったが高校に入学した74年、田中角栄がやらかしたことは忘れられない。就任当初はアクティブな総理として少なくとも私にとって悪い印象ではなかった**田中角栄が金脈問題**で一気に内閣の支持率を低下させ、退陣にまで追い込まれてしまった。この年の12月には三木武夫が総理に就任する。

またこの年はアメリカで**ニクソン大統領も**「**ウォーターゲート事件**」で**失脚**したので、政治家、それも1国のトップなどというのは「ひでえヤツばかりなのだな」というふうに私の頭の中で認識が改められた。

田中角栄については、76年7月に**ロッキード事件で逮捕**され、さらなる追及を受けることになる。角栄逮捕の日、予備校の夏季講習会に出ていた私は、代々木駅の駅頭で新聞の号外というものを初めて手にしたことを記憶している。この年の東京の夏も暑かった。今では信じられないことだと思うが、当時、山手線は全車両が冷房車だったわけではない。最初と最後の数両ほどだけが冷房のついた車両があり、それは屋根の上に冷房機がついているので遠目にもわかった。で、それに乗るのはいいが、むちゃ混んでいるので、わざわざ非冷房車にするというオプションもあった。通学ならぬ「痛」学を「わかって下さい」（因幡晃）はこの年のヒット。

それはさておき、その後の国会の証人喚問の場で、政商・小佐野賢治が言い訳として繰り返した**「記憶にございません」**は流行語として名高い。いや、〝名低い〟とでもいうべきか。

政治家、高級官僚などがあれから40年以上経った今も、頻繁に「記憶にございません」そのものか、あるいはその応用形の文言を繰り返し述べるのが、国会やその他公の場での答弁や会見等での定番になっているのだから、これは歴史的な〝姑息な名言〟と言っていいかもしれない。それをわれわれは高校生時代に初めて聞かされたのだ。当時は苦笑していたが、今になってみると笑えない。なにしろそのような重度の健忘症では、高い社会的ポジションを維持するのは難しいのではないか、と危惧される。それでも、物忘れはまだらなのか、若い頃に聞いたであろう小佐野「名言」だけは覚えているのだから畏れ入る。「まだら」というより「若い頃のことはよく覚えている」ってことか。たしかに還暦を前にするとその事情はよくわかるのだが、ロッキード事件によってこうした悲しくも馬鹿馬鹿しい歴史が始まったことは覚えていたほうがいい。

▼モントリオール・オリンピックをアフリカ諸国ボイコット

高校時代の3年間の出来事で振り返りたくなるのは76年の**モントリオール・オリンピック**くらいだ。この大会には開催前から暗い影が忍び寄っていた。アフリカ諸国のボイコットである。

なぜアフリカ諸国はボイコットしたのだろう。その理由について述べる前に時代背景として、今も昔も「われわれこそがラグビー世界一」を自認するニュージーランドが当時、ラグビーの通算成績で唯一負け越していた国が、南アフリカであったことを知っておく必要がある。この時点でラグビーのワールドカップは開催されていない。

当時の南アフリカは、アパルトヘイト（人種隔離政策）によりオリンピック参加が認められていない（1970年IOC除名）し、スポーツ界全体で、国際舞台からははじき出された状態にあった。

しかし、ニュージーランドは76年に、それもちょうどモントリオール五輪が開催されている頃、ラグビーの代表チーム、オールブラックスの南アフリカ遠征を決め、しかもIOCはニュージーランドのモントリオール五輪出場も認めてしまった。そこで「アパルトヘイトの国である南アフリカに遠征してスポーツの交流を持つような国がオリンピックに出るなどけしからん」と**アフリカの22カ国はボイコットを決断**した。ニュージーランドの姿勢というより、IOCの対応が許せなかったのである。

ニュージーランドと南アフリカのラグビーの交流については、ニュージーランドが遠征時、先住民族マオリを代表からはずし、それに対してニュージーランド国内から猛反発の意見が出るなど、両国の問題にはさらに複雑な事情も絡んでいるのだが、この本のテーマからははずれるので省略する。

とにかく、このような理由でモントリオール大会は五輪ではなくアフリカ大陸抜きの〝四輪大会〟だったのだ。

オリンピック大量ボイコットの歴史は4年後にもっと悲しい形で繰り返され、それは8年後にも起きる。それでもオリンピックは開催されれば大きな話題は必ずある。モントリオール大会では、なんといっても女子体操のルーマニア、ナディア・コマネチであろう。その演技には採点で10点満点が連発、14歳にして一躍世界のスーパーヒロインとなった（ソビエトのネリー・キムも10点を出したがコマネチが先）彼女の演技により、体操の採点方法が後に抜本的に改められるきっかけにもなった。


74年12月に誕生した三木武夫政権は、「クリーン三木」などとも呼ばれたが、自民党を何もクリーンにすることはできないまま、2年後に退陣、76年12月には福田赳夫内閣が誕生する。

今、思い返しても、やはりあまり明るい思い出がない高校生時代はこうして終わっていった。

第4章

昭和の終わりまで

1977（昭和52）年［18歳］〜1988（昭和63）年［30歳］

1977年は岐路の年である。ほとんどの同級生は高校を卒業し、大学等に進学する者、浪人生活を選ぶ者、社会に出て就職する者、それぞれが大きな選択をしているはずなのだ。年を追って同級生たちの活躍をみていくことにする。寄り道しながらだけれど。

Ⅰ　70年代末

▼77年　早熟の天才原田真二デビュー

まずは**77年の歌謡界**。「津軽海峡冬景色」のヒットがこの年というと、ああ、あの頃か、とおわかりいただけると思う。歌ったのはもちろん石川さゆりなのだが、彼女は58年生まれながら早生まれなので、同級生ではない。いまや大御所感たっぷり、なんども紅白のトリを務めているが、デビュー当初桜田淳子と区別がつかなかったとか、81年頃突如流行った『アクション・カメラ術』というパンチラ狙いの書があるが、その著者と結婚し、離婚とか、いろいろネタはあるのだが、本書にとってはひじょうに残念である。

また、77年、78年はピンクレディーの年といっても過言ではないのだが、この二人も1学年上。われわれよりちょっと下の女性たちは、「ゆうっふぉ！」やらを振り付きで歌ったようだが、さすがに同級生女子はやってないと思う。

で、本題。この年、早熟の天才と称された同級生シンガーソングライターがデビューしている。

原田真二だ。

フォーライフレコードの第一回新人オーディションで吉田拓郎の目に留まり見出された原田真二は、77年10月「**てぃーんず　ぶるーす**」でデビュー、11月には「**キャンディ**」12月には「**シャドーボクサー**」とシングルを3カ月連続でリリースするというかつてない画期的な手法で華々しく音楽業界に登場した。作曲はすべて原田真二自身である。

そして、オリコンで、同一ミュージシャン（あるいは歌手）としては史上初の3曲同時にトップ20入りという偉業もこのデビューからの3連続シングルで達成している。さらに自らプロデュースしたデビューアルバム『**Feel　Happy**』がこれまたオリコン史上初の初登場1位。当時まだ19歳なのだから早熟の天才といわれても不思議はない。音楽的センスについては言うに及ばす、才能にあふれたミュージシャンであったことも疑う余地はないのだが、シングル4枚目の「**タイム・トラベル**」の大ヒット後、世間の注目という点では次第に影が薄くなる。これはたぶん、時代の先端を行き過ぎたからであると思うのだ。

現在に至るまで原田真二＝早熟の天才以上の評価を聞くことはあまりない。

80年代に私が担当していたラジオの音楽番組（後述する）に彼がゲストでやってきたとき、気負うことなく自らの志向する音楽をやっている印象を受けたことがあるが、今も音楽活動を続けていることじたいが素晴らしいのであり、原田真二には原田真二であり続けてもらいたいと願うばかりだ。

▼**［補注］** 原田真二の音楽的才能、「トリプルデビュー」と呼ばれた先の3曲の実績（カラオケで歌う人も多いと思うが、知る限りほとんど自爆）を思うと、「なぜ失速？」は気になる。補注者が編集した宝泉薫の著作（『歌謡界「一発屋」伝説』［1998年］『決定版「一発屋」大全』［2001年］）によると、初期の曲の作詞は松本隆が務めていたのだが、アイドル呼ばわりされるのを嫌ってか、原田真二自らが詞を書くようになったという。「これがいけなかった。／彼の詞は…あまりにぎこちなく、しかも頭でっかちだった」。さらには「宗教的なフレーズが出てくるようになり、曲も瞑想的な雰囲気が深まっていった」とある。なんのことはない、彼は新興宗教にハマっていたらしいのだ。……2000年に第一線に復帰、松田聖子と浮名を流す（仕掛け説あり）などと、なかなかしたたか。昨今も「昭和歌謡」番組が増え、何度もその姿を見られるのは、喜ばしい。

▼77年　数々の新人賞、太川陽介

太川陽介も同級生である。彼は76年暮れに歌手デビュー、郷、西城、野口の新御三家がまだまだ一大勢力を形成していた頃だからこの時代の男性歌手は大変だ。3曲目「**Lui - Lui**」のヒットで**77年に数々の新人賞**を受賞する。その後、計15枚のシングルを発売するが、はっきり言って歌手としての実績はそれだけである。

彼はその明るいキャラクターで78年からNHK総合の「**レッツゴーヤング」の司会**を務め、一気に知名度がアップしたことが大きい。このとき、彼はまだ20歳前である。司会を務めれば、気遣いのある言動も身につくことは間違いない。この番組の司会は9年。彼の、決して派手ではないがその後の活躍は、「レッツゴーヤング」で培ったものが活かされたと考えていいのではないか。

95年に藤吉久美子と結婚。最近はTVの旅番組「ローカル路線バス乗り継ぎの旅」（テレビ東京）が人気、蛭子能収とのなんともいえないやりとりが話題になった（2017年終了）。さらにはダブル不倫会見などもあったが、オシドリ夫婦の典型のようにも言われた太川陽介と藤吉久美子だ。末永く幸せでいてもらいたいものだ。

▼78年　プリンスもデビューしていた

早熟の天才原田真二について書かせてもらった以上、世界のポピュラー音楽史上でも10年に一人、

いや100年に一人かもしれない同級生の超ド級天才ミュージシャンに触れなければいけないだろう。原田真二の少し後、**1978年にデビューしたプリンス Prince Rogers Nelson**である。比較していいのかどうかわからないがプリンスも原田真二同様デビューアルバムをセルフプロデュースしている。その才能は早くから評価されるのだが、なかなかセールスには結びつかず、最初のヒットは**82年**発売の2枚組アルバム『**1999**』まで待たねばならない。そしてその2年後『**パープルレイン**』で一気にブレイクするのだ。

「パープルレイン」は、彼の自伝的映画『パープルレイン』のタイトルであり、サウンドトラックアルバムのタイトルでもあり、さらにシングルカットされた曲のタイトルでもある。

当初、プリンスの醸し出す音は彼の出身地でもあることからミネアポリスサウンドなどと称されたがその後、出すアルバムは常に時代を（遥かに）超越しており、いつしか誰もプリンスの楽曲をミネアポリスサウンドなどとは言わなくなった。

プリンスの先見性は、一ミュージシャンの域にとどまっていない。90年代には、契約していたレコード会社との確執が背景にあったものの、すでに今日では当たり前のようになっている楽曲のネット配信を予見し、後に、いち早く自らの曲をネット配信した。その一方で、古いメディアになりつつある一般新聞に新譜を加えて売るといった奇手を用いるなど、既存の感覚を破る手法を次々に用いて世間をアッと言わせ続けた。無論、楽曲のコンポーザーとしてだけでなくギタリストとしての腕も一級品で、プリンスはまさしく超スーパースター以外の何者でもなかった。一体この人はどこに行くのだろうという畏怖の念さえ抱かせ続けたのだ。

日本での一般的知名度は**マイケル・ジャクソン**より劣るかもしれないが、少なくとも世界中のアーティストからその溢れすぎてしまった才能はリスペクトされたと断言できる。マイケル・ジャクソン同様、もうこの世にいない（2016年4月死去）ことが残念でならない。

▼78年 新東京国際空港（成田空港）開港 ［補注］

長い間激しい運動が続いていた成田空港反対闘争がひとつの節目を迎えたのが78年だった。開港を目前に控えた3月26日、空港の管制塔が反対派によって占拠され、開港は延期された。約2カ月後の5月20日、開港となったのだが、この日をめぐって、わが同級生二人が文章を残している。

ひとり目は前章で登場してもらった**坪内祐三**。彼が2008年に出した**『東京』**（太田出版）を、評論家（とくに出版業界について詳しい）**永江朗**が書評しているのだが、そこに「5・20」が出てくる。永江朗は坪内祐三を評して「人間には年表型と地図型の2種類があ」り、「坪内祐三は年表型」で「ひとつの事件が起きたときに他所では何が起きていたのか、という捉えかたをする。そこが坪内の評論のおもしろさ」だとする。そして「私は坪内と同い年である。…坪内が見た東京と私が見た東京のあまりの違いに愕然とする」したうえで、件の日のエピソードとなり、書評は終わる。

《坪内が級友と6人で高田馬場の安イタリアンレストランにてキャンティワインを6本空け、目白の田中角栄邸の前で立ちションしようとして警察官に追いかけられたその日、私は成田空港のまわりを

「開港粉砕！」と叫びながらジグザグデモを繰り返していた。》（『週刊現代』掲載）

これを読んだとき、実は補注者は永江朗といろんなところですれ違っているのだがオ（氏は知らないだろうが）、こんなところでも、と思ってコピーを取ったのだった。うかつにも日付をメモし忘れた。許されたい。

▼78年　福田首相から大平首相へ

政界に目を転じると「経済の福田」などとも言われた福田赳夫内閣も長くは続かず、2年で大平正芳に総理の座を譲ることになる。福田内閣で記憶に残っているのは日中平和友好条約の調印くらいか。これで佐藤栄作内閣の頃「ポスト佐藤栄作」と目された三角大福（これに中曽根康弘の「中」を加える見方もあったが佐藤内閣の頃はだいたい三角大福であった）はすべて総理になった。「な〜んだ、結局順番に皆なるのか」と予定調和的な政界につまらなさを感じたりもした。

大平正芳は知性派だったらしいが、私には「あ〜、う〜」以外の印象がない。80年6月、総理在任中、選挙期間中に急死。2年にも満たずに大平内閣は終焉を迎えた。この時初となる衆参同日選挙は、弔票もあって自民が圧勝。86年の同日選も与党が大勝、同日選は与党有利の感触がある。

結局三角大福の4人は皆、凡そ2年以内で、それぞれ事情は異なるものの政権を失った。その背景には激しい党内闘争があった。自民党内で〝政権交代〟があったといわれる所以である。

▼78年「空白の1日」

この頃、「これで私はジャイアンツファンをやめました」という人が続出した事件がある。78年ドラフト会議前のいわゆる「**江川事件**」である。前年クラウンライターライオンズのドラフト1位指名を拒否し、法大を卒業後、プロ入り（巨人を熱望）を目指し浪人していた江川卓だが、巨人が「空白の1日」をタテに江川との入団契約を発表したあの事件だ。これをコミッショナーは認めず、巨人はその裁定に抗議の形でこの年のドラフト会議をボイコット。阪神が4球団競合の末、江川の指名権を獲得、結論から言えば阪神と巨人が江川をトレードする形で問題を鎮静化させたものだ。われわれ世代なら鮮明な記憶として残っているだろう。

この事件にはドラマとしての続編があった。その江川とのトレードの相手が小林繁であり、小林が79年には古巣巨人相手に8勝、シーズン通算でも22勝で最多勝。沢村賞も受賞し、阪神ファンを狂喜させたというものである。

ただしこの年のセントラル・リーグの優勝は阪神でも巨人でもなく広島で、日本シリーズでは近鉄と死闘を繰り返し、「江夏の21球」で広島が初の日本一に輝いたことも後世に語り継がれることになる。山際淳司氏の遺したノンフィクションである「江夏の21球」は、新時代のスポーツ雑誌として創刊された『NUMBER』（文藝春秋）に掲載されたもの。80年初頭のことだった。

▼78年　中原理恵がデビュー

このへんで同級生たちの活躍に戻ろう。**中原理恵**が78年「**東京ららばい**」でデビュー。カチッと固めたショートヘアーが目に付いた。この時は年齢を2つ上にして発表していたので、年上と思っていたが実は同年だと後でわかった。中原理恵は、女優としてもタレントとしても幅広く活躍した。タレントとしては「欽ドン！良い子悪い子普通の子」でコメディエンヌとしても才能を発揮。女優として印象に残るのは、映画『男はつらいよ　夜霧にむせぶ寅次郎』（84年）のマドンナ役である。大女優と呼ばれるのは、『男はつらいよ』マドンナ役が必須条件。同級生では他に**樋口可南子**しかいない。

▼78年あたり、アンダーグラウンドの匂いのする映画　[補注]

この頃、「俺はちょっと人とは違うもんね」と10代後半にありがちな思い（ほとんど勘違い）をもって、さまざまなカルチャーを逍遥していた同級生たちは、背伸びしてフランスのヌーヴェルヴァーグや、ATGやにっかつ（ロマンポルノ）の邦画を好んで観ていた。ゴダールはよくわからなかったが、邦画はわからないことはなかったし、端的にはヌードを存分に堪能した（補注者だけか？）。いま調べてみると、そのとき同級生たちの活躍を目撃していたことになる。先に挙げた『**青春の殺人者**』（ATG、76年）の**原田美枝子**がそうだし、78年映画公開『**桃尻娘**』（にっかつ）の**竹田かほりと亜湖**がそれだ。『桃尻娘』は橋本治の同名小説が原作、映画は3作つくられている。ちょっとハスッパで生意気な顔つきが魅力の竹田かほりと、ホワッとした感じで捉えどころのない亜湖によるお色気コメディだったと記憶している。竹田かほりはこれで人気が出て、ドラマでも活躍。『探偵物語』での松田勇作の「秘書（?）」のような役を覚えている人も多いだろう。甲斐バンドの甲斐よしひろと結婚し、芸能界を引退。

大物ミュージシャンと結婚した同級生といえば**森下愛子**である。言わずと知れた吉田拓郎夫人。森下愛子の出世作である78年の『**サード**』も、右のようなテイストな映画だった。脚本は寺山修司、監督は東陽一だから、どこかアングラ感が漂う。高校生があっけらかんと美人局をやってしまい、殺人↓少年院、という話なので同世代感は十分、いま観ても傑作だと思う。静脈が浮かんだ乳房がまぶしかった。

森下愛子は最近ではクドカン（宮藤官九郎）作品の常連。今年（2018年）のテレビドラマ『監獄のお姫さま』（TBS）の「姐御」もよかった。ババアになるまでやってほしい。

▼79年　久保田早紀と石川優子

息の長い同級生歌手の象徴が**岩崎宏美**なら、ご本人には誠に失礼ながら典型的な一発屋であり、それでいて強烈なインパクトを放った同級生のシンガーが79年デビューの**久保田早紀**である。そのデビュー曲であり、大ヒット曲である「**異邦人**」は三洋電機のCMソングとして79年10月にリリースされた。三洋電機一社提供の某FM番組を愛聴していた私は、CMの度に流れるこの印象的なメロディラインに引き寄せられたのを覚えている。この年の暮れくらいから「異邦人」は巷で広まり、いつしか知らない人はいないほどの大ヒットとなった。「異邦人」は名曲だと思うが、強烈すぎた。このイメージを越えるのは大変な作業であっただろう。そこに苦悩した久保田早紀は結局80年代半ば、結婚を機に静かに芸能界を引退した。現在は本名の久米小百合でプロテスタントのキリスト教徒として、さらに教会音楽家としての活動をしている。偶然、観たテレビ番組で教会ソングも「異邦人」も久米小百合は大変幸せそうに歌っていた。彼女にも還暦以降、いい人生を歩んでもらいたい。

この曲のヒットから6曲連続、10カ月にわたって「ニューミュージック」系の曲がオリコンのベストテンの1位をとる。つまり「ニューミュージック」という言葉が定着しだした頃ともいえる（富澤一誠『あの頃、この歌、甦る最強伝説』２０１８年）。昨今は「昭和歌謡」をめぐるＴＶでもしばしば取り上げられるこの楽曲、当初は「白い朝」というタイトルだったとか、歌詞にある「子どもたち」は中央線から見たものだったとかウラ話も聞かれるようになり、かつての「神秘性」は消えつつある。

「異邦人」が発売された79年に、これまた印象的な同級生がデビューしている。ヤマハのポピュラーソングコンテストから出てきた**石川優子**だ。最初のヒット曲は**81年**の自ら作詞作曲した「**シンデレラサマー**」、彼女はラジオのＤＪとしてすでに大阪の毎日放送で活躍していた。〝像脚の優子〟などとも言われ、それが親しみやすさにもつながっていた。「シンデレラサマー」は、深夜放送ブームが去り、当時ではもうほとんどありえなかったラジオから火がついて売れた曲として偉大なのだ。そして、石川優子が84年にＣＨＡＧＥ（1級上）とのデュエットで「**ふたりの愛ランド**」をヒットさせたのはあまりにも有名である。

▼広岡瞬を覚えてますか

男優のなかで、おそらく全国区で最初にその名が広まった同級生は**広岡瞬**である。ＴＢＳがドラマのＴＢＳとして力を発揮していた79年に「**沿線地図**」でデビュー。岸恵子、河内桃子、真行寺君枝らとの共演である。ここから80年代前半の彼の人気はかなりのものがあったと記憶している。ただし、私はこの頃、あまりドラマを見ていないので、さわやかな雰囲気で人気があったのは知っていたが、広岡瞬についてそれ以上述べるだけの知識がない。90年に石野真子と結婚（石野真子は再婚）と報じられたときにはびっくりしたが、その後離婚、芸能界からは比較的早く引退した。

▼79年＝特異年説 [補注]

坪内祐三に『**同時代も歴史である　一九七九年問題**』（２００６年、文春新書）という本がある。正直この本には『一九七二』ほど感心できなかった。手法的に自己模倣にみえるからだ。ともあれ坪内祐三は「一九八〇年前後を一つの境として、その時から歴史が変っていきました。／いわゆるポスト・モダン時代に入っていったわけです。ポスト・モダン時代の大きな特徴の一つは、永遠の現在性です。……／ポスト・モダン時代に入って、時間は止まって（歴史は消失して）見えるけれど、現実には、時間は動いて（歴史化されて）行く――しかし私たちはそのことに無自覚である」（9頁）と80年代を概観する。80年代が「ポスト・モダン」（ふうに）に彩られていたことに異論はない。

一方、79年には「**イラン革命**」（2月）や「**ソ連のアフガン侵攻**」（11月）があり、これらは世界史的な出来事であり、やがて「イスラム」はキーワードになることも指摘している。79年は特異年といえるだろう。これもそうだと思う。

ただ、日本の80年代の「ポスト・モダン」的状況がもたらした「価値相対主義」を否定し、返す刀で「超越的な価値」を希求する氏の思考には違和感がある。それは、とどのつまり「国家」を至上とし価値の源泉とする思想にいきつくように思えるからだ。

ま、それはともかく、1979年は右のほかにも世界史的に重要な出来事が目白押しなので挙げておこう。

1月に「**米中国交樹立**」、「**ベトナムがカンボジアに侵攻**」、2月「**中越戦争勃発**」、イラン革命は「**第二次オイルショック**」を引き起こし、3月には「**米でスリーマイル島原発事故**」、すこしフライングすると、翌80年には「**イラン・イラク戦争**」が勃発している。またサッチャーが英国首相になり、「**新自由主義**」が台頭してくるのもこの年あたりからだ。〝仲間〟のレーガンは81年、中曽根は82年にトップの位置につく。

国内でも79年から「共通一次試験」が始まっている。わが同級生たちは、2年浪人するとこれを受けなければならないので、不利だと言われた。村上春樹が『風の歌を聴け』でデビューしたのもこの年だ。

Ⅱ　80年代に突入

▼80年　山口百恵の引退

ひるがえって歌手、女優の**山口百恵**だが、彼女の独走状態は自身が高校を卒業する年齢になっても衰える兆しが一向になかった。

この頃にはキャンディーズが国民的アイドルに昇りつめていたし、ピンク・レディーもすさまじい勢いがあった。この両グループの5人は、すべて年齢は上ながら歌手デビューは山口百恵より後だ。そして両グループともに旬の時代は山口百恵より短く、キャンディーズなどあっという間に普通の女の子に戻りたいと解散してしまった。ピンク・レディーも、キャンディーズが解散した年の78年後半には人気に陰りが出て、アメリカ進出も試みたが、今から考えると、一気に急降下していった。

いっぽう、山口百恵は、相変わらず一人で歌謡界のみならず、芸能界全般に絶対の存在として君臨した。歌手としては阿木―宇崎コンビだけでなく、谷村新司やさだまさしの作品も歌った。これも山口百恵の希望だったと聞く。映画も『**伊豆の踊子**』に続いて三島由紀夫の『**潮騒**』（75年4月）、大江賢次の『**絶唱**』（75年12月）といわゆる〝文芸3部作〟に主演しただけでなく、その後も引退するまで主演だけでも合計13本だ。

しかし、**80年代に入る**や、早々に「赤いシリーズ」や映画で何度も共演した三浦友和と結婚、**表舞台からきれいに消えた。**こういう生き方には、賛否両論はあるかもしれないが、まさに燃え尽きるまで活動し、やり切ったということなのかもしれない。まだ21歳だった。

山口百恵が引退して10年近くたったある日、私より10歳くらい年上の大手テレビ番組制作会社の敏腕ディレクターと食事をしていたとき、彼が何の脈絡もなく突然「テレビのワンショットに長時間耐えられるのは長嶋茂雄と山口百恵だけだね」と発言したことを鮮明に覚えている。そのとき私は初めて山口百恵の凄さを知ったような気がした。14歳からおよそ8年間しか芸能界にいなかった山口百恵という存在は、それほどまでにテレビマンにとって図抜けた存在だったということだからだ。ちょっとひねくれた見方をすればこれは山口百恵にはこのディレクターのようなオッサン世代のファンがとても多かった証にもなろう。繰り返すが山口百恵に興味がない私はこのとき「へぇ～、そうですかぁ」と言うしかなかった。

そんなわけで、男女を通じ、1958年度生まれ（山口百恵は1959年1月生まれ）の約160万人の中で圧倒的な光を放ったのは山口百恵と言い切って問題ないだろう。

▼鈴木善幸内閣

大平正芳総理急死ののち、大平内閣のとき自民党総務会長を務めていた鈴木善幸がアッと驚く総理に就任したのは80年7月。海外では無名に近く「ゼンコー・フー？」といわれた。日本列島が山口百恵引退フィーバーの頃だった。

鈴木内閣は地味なイメージかもしれないが「増税なき財政再建」や「和の政治」を唱えていたことで、派閥意識もなく「これが本来あるべき総理の姿なのかも」などとまだ学生の私は思って見ていた。「増税なき財政再建」は後の「行政改革」につながっていくという意味で、なかなか興味深いスローガンであるが、いまだに「行政改革」は、何を改革しようとしているのか、どの内閣で何がなされたのか見えにくい。歴代総理はいつまで「行政改革」を唱えるのだろう。

82年当時、東北新幹線がいきなり盛岡まで開通したのはゼンコーさんのおかげ、と思っていた岩手県民は少なくないだろう。

短命であろうことは当初から予想できた鈴木善幸内閣は、1年半近くで幕を閉じる。

▼80年「総立ち」のふたり

山口百恵がフィナーレを迎える頃、**山下久美子**は80年、**白井貴子**は81年に相次いでデビューした。ともにライヴ、とくに学園祭で「総立ち…」と称された元気な女性ミュージシャンの草分け的な存在だ。

山口百恵、山下久美子、白井貴子の3人は皆、**1959年の1月生まれ**で誕生日が10日と違わない。もし私が山下久美子か白井貴子なら、（山口百恵に向かって）「もう辞めちゃうの。それじゃあ、私はこれから貴女以上に活躍するわ」と闘志を燃やしたのではないだろうか。無論、2人とも山口百恵とはタイプが違うし、シンガーとしての志も違うだろうが、山口百恵の活躍を同級生として中3の頃から見ながら20歳を越えた。誕生日がほとんど違わないのもわかっていたはずである。そう思ったとしても不思議ではない。

ニューミュージックの世界には女性シンガーはいたが、元気なガールズバンド、あるいは女性ロックバンドと呼ばれる人たちは、この時代にはほとんど存在しない。少々元気だったのは庄野真代ぐらいで、いわゆるイキのいい女性シンガーとして山下久美子と白井貴子は、その先頭を切って突っ走ったのだ。とてもカッコいいではないか！

▼CMからブレイク

宮崎美子が、かの有名なミノルタのCMで日本中にその笑顔とボディラインを知られたのが80年初夏のこと。

名前も顔も知らない女の子が「ピカピカに光って」という斎藤哲夫の歌とともに、大きな胸をユサユサさせながら浜辺でTシャツとGパンを脱いでいくという、当時としては考えられないような内容のCMが大反響だった。かつてはトイレタイムと言われていたCMは、このときはもうドラマ並みに注目される存在になっていた、ということだ。

「こ、こ、これは誰だ！」たぶん、ごく一部の熊本大生以外は、皆CMを見てそう思ったことだろう。程なく彼女が熊本大の現役学生であるという情報が流れ、名前が宮崎美子であるということがわかると、いろいろな争奪戦が始まった。そして、それから半年も経たないで**ＴＢＳポーラテレビ小説『元気です！』**の主役である。

　ポーラテレビ小説は、ＮＨＫの連続テレビ小説に対抗する形でほぼ同じ時間帯に昼が本放送、翌朝が再放送という方式で１９６８年10月に始まった。同時間帯のＮＨＫの連続テレビ小説より優れた内容だったドラマもかなりあったが、ポーラテレビ小説の長い歴史の中でたぶん最も有名な作品のひとつが、宮崎美子主演の『元気です！』だといっていいだろう。

　ポーラテレビ小説からは、もうひとりわれわれの同級生がデビューしている。**樋口可南子**である。彼女は**78年**10月に**『こおろぎ橋』**という作品で主演デビュー。宮崎美子の『元気です！』の放送は『こおろぎ橋』のちょうど2年後、１９８０年10月からである。

　この放送枠は、現在はもうなくなってしまった。ここから巣立っていった後の大物女優は非常に多いから、彼女たちには故郷がなくなってしまったような一抹の寂しさがあるのかな？などと思ったりもする。

　私は女優宮崎美子には正直のところあまり魅力を感じないが、好感度をキープしたまま、見事なまでに年齢を重ねてきているのは驚異的である。今も、頭脳派タレントとしても活躍しているように、小さい頃から頭の良さは半端ではなく、また勉強も好きだったそうだが、決してお高くとまっていないところがいい。理知的な雰囲気は「ただ勉強が好きなだけなのよ」というところからきているかもしれない。これは彼女ならではといえよう。

宮崎美子の大学の後輩にあたる斎藤慶子は結局大学を中退してしまうのだが、宮崎美子は5年かかりながらもしっかりと卒業していることがその証明になろう。

断っておくがこれは斎藤慶子が不真面目だったという意味ではない。それほど芸能界での仕事と学業の両立は難しいということなのだと思う。

▼元ミスユニバース萬田久子

女優ではもう一人紹介したい。

萬田久子だ。78年のミスユニバース日本代表である彼女のドラマデビューは、NHKの連続テレビ小説『**なっちゃんの写真館**』（80年）である。このドラマの主役は星野知子であり、萬田久子は脇役としてのデビューだった。

スレンダーな体形と長い髪、そして特徴のある声。しぐさの一つ一つも決まっていて、実に絵になる女優という印象だ。平易にして凡庸な形容になってしまうがつい「さすがミスユニバース！」と言いたくなる。演技も幅広く、色っぽい役もカラッとした役にもビシっとハマる。それでいてミステリアスな雰囲気も併せ持っているのが萬田久子の魅力だろう。芯の強さも感じさせる。

▼1984年の「女子会」

宮崎美子と萬田久子、それに**桜田淳子**との同級生3人と実年齢では1つ年上の中井貴恵の4人が、1984年に一緒にドラマに出演している。ワンクール（13回）で放送された『**25歳たち・危うい予感**』（日本テレビ）である。4人が主演というような形だ。覚えている方もいるかもしれない。私はこのドラマにはかなり関心があったのだが、放送が金曜夜ということもあってほとんど観られなかった。録画してまでというほどでもなかったし。

だが、このドラマ終了から約1年後、CBC（TBS系）が制作する日曜夜放送のトーク番組「すばらしき仲間」に桜田淳子、宮崎美子、中井貴恵の3人が出演しているのは偶然観た。都合で萬田久子だけは出演できないということでこの3人でのトークだった。ドラマ収録以降、萬田久子も含め、4人の仲の良さをただただしゃべっていた。1年経っているとはいえ、系列の違う局で放送されたドラマが縁で仲良くなったわけだから、常識的には成立しにくい番組構成だ。それなのに実現できたのはきっと何か必然性があったのだろう。

20代も後半に差し掛かろうという独身女性のほんとうに他愛のない内容のトークを、常にうまく仕切ってリーダーシップをとっていたのは桜田淳子だった。これが演出だったのか、それとも自然なものだったのかまではわからないが会話の雰囲気が常によかったから、リーダーとしての役目は十分に果たしていた。この3人では中井貴恵が一つ年上でも芸能界のキャリアでは桜田淳子がダントツだから、桜田淳子がリーダーなのは当然なのかもしれないが、このとき初めて私は桜田淳子の魅力の一旦を見たような気がした。桜田淳子の印象に残るテレビ番組とはこれのことなのだ。桜田淳子は同性から好かれていたとも聞くが、それも納得である。

彼女ももう還暦。今後、どのように生きていくのか……、やはり宗教問題は一筋縄ではいかない。

▼筆者の浪人時代・大学時代

ここで私事を述べさせていただく。高校生時代、留年だけはしないようにと中間や期末テストで赤点をとらない努力くらいはした。また、大学進学も望んでいたが、前述したように麻雀と深夜放送聴取にばかりエネルギーを使っていた私は、陸上部こそ引退していたものの、受験勉強と呼べるようなものはほとんどしなかったので大学はどこも受からなかった。

浪人2年目、高校3年間と浪人1年目の計4年、私はいかに勉強をしていなかったかがよくわかった。そして、秋頃になってようやく大学合格に光が見え始めた頃始まったのが、前出のTBSポーラテレビ小説の**『こおろぎ橋』**だ。

私は**樋口可南子**のデビュー作でもあるこのドラマを毎日観てから予備校に通う日々だった。これは、ウチがTBSのポーラテレビ小説を観る習慣になっていたからで、別にストーリーや樋口可南子に興味があったわけではない。だが、樋口可南子が私と同じ昭和33年生まれであることを知ったときには驚いた。「こんなに大人っぽい同級生の女子もいるんだ。いつまでもこんな生活をしていたらダメだ！」と余計にがんばる気になったものだ。

こうして、79年春、ようやく浪人生活に別れを告げ、私は大学生になることができた。どうでもいいことだが、私は大学受験レベルでは理系の男である。だから受かったのも工学部だったのだが、入学して数カ月で「大学レベルの理系にはついていけない」自分の能力を知った。淡い希望として持っていた「理系の職業」は無理と判断し、これまた高校の時と同様、いわゆる「優」など目指さず「可」でいいから単位を取ることにのみ力を注ぐと決めた。

理系で生きていけないということがわかった以上、第一に目指すのはスポーツ報道である。3年の春ぐらいまでは実験とレポートに追われる今思い返しても殺人的に多忙な日々を送りながら、大学の体育会機関紙編集に携わり、スポーツ報道の真似事にも心血を注いだ。すると、文章でスポーツを語るより口で表現したほうが手っ取り早いということを次第に感じ始めるようになった。そこで私はスポーツ実況アナウンサーを目指すと決めたのである。

▼80年　幻のモスクワ五輪と八木たまみの伝説

そんな私の浪人から大学時代にかけて、集中してその動向を追っていた同級生選手のことをここで書いておきたい。

われわれの同級生にオリンピックのメダリストがやや少ないのは、１９８０年のモスクワ大会をソビエトのアフガン侵攻に抗議する形でアメリカ、日本など西側諸国が参加をボイコットしたことも影響している。われわれが21～22歳の頃だ。柔道の山下泰裕、マラソンの瀬古利彦、レスリングの高田裕司、自転車の長義和（彼らはいずれも同級生ではない）など、㊎メダル候補たちの参加できない悲劇を覚えている方も多いだろう。特に長は、その気になれば競輪選手として活躍できる道を自ら閉ざしてまでモスクワに賭けていただけに、その悔しさは私のような凡人には想像もつかない。

またオリンピックのメイン競技である陸上は、当時、まだ世界選手権がなく、トラックとフィールドで様々な世界一を争う機会は4年に1度しかなかったから、男子の100mは「誰が一番速いか?」とかすでに9秒台に入っていた世界記録は「どこまで伸びるか?」などといった注目度が、今より格段に高かった。それが陸上王国といってもいいアメリカの不参加で盛り上がりに欠けてしまったのもとても残念だった。その幻のモスクワ・オリンピック日本代表選手の名簿に実は世界一の評価、いやまぎれもなく世界一だった同級生の選手がいた。

女子走り高跳びの**八木たまみ**である。彼女の身長は164㎝。1978年に日本新記録の1m90㎝を跳んだとき、身長より26㎝も高く跳ぶのは女子では世界最高で、この記録はこの後、しばらく破られなかった。

私は正直に告白すると今まで多くのかわいい、あるいはカッコいい魅力的な女子スポーツ選手を好きになってきたが、八木たまみほど恋焦がれた選手はいない。中3トリオには全く反応しなかったが、八木たまみは大好きだった。

走り高跳びの選手は、重いとそれだけ高く跳びにくいため、まずスリムであることが絶対条件だから例外なくスタイルがよく無論、背も高い。特に近年の世界トップレベルの女子ハイジャンパーはそのへんのファッションモデルなど太刀打ちできない身長とスタイルを擁している。

八木たまみが選手として全盛期だったこの頃も世界を見渡せば164cmなど低くて常識的には走り高跳びをやる身長ではなかった。だから、よけいにけなげに映り、応援したい気持ちをかきたてられたのだ。八木たまみの競技者としての魅力は何といってもほとんどバーに向かって垂直に上がり垂直に落ちているのではないかと思われるほどの跳躍曲線の美しさだった。ある技術評によればそれはほとんど完璧だったといわれる。女性アスリートとしての魅力はと問われれば、助走の前に右手を挙げて大きな声で「お願いします！」と言ってからリズミカルにスタートする清々しさ、そしてバーに向かうときの鋭い視線と、競技後の比類なき素朴な笑顔である。

▼れば・たら

モスクワの2年前、それまでの日本記録をこの1年間で一気に5cmも更新して1m90cmを跳んだ頃は「抜き（身長よりどれだけ高く跳べるか）の高さ世界記録」ということでさかんにテレビ、雑誌等で取り上げられた。私は1ファンにすぎないくせに妙に鼻高々だったものだ。彼女の出る大会は、可能な限り観戦しにいったし、陸上競技場の走り高跳びのピット近くの観客席を陣取って毎度八木たまみが1cmでも高く跳べるよう心の中で常に応援していた。

当時、八木たまみは専門雑誌のインタビュー記事で「調子がよければ1m95cmでも2mでも跳べるような気がする」と語っている。事実1m90cmを跳んだときは、仮にバーの高さが1m92cmくらいでも跳べていただろうという余裕があった。「この人は無限に記録を伸ばして行くのではないか?」そう感じさせるほどハイジャンパーとして底知れぬ魅力を持っていたのだ。

ただし、残念ながら走り高跳びに、ボクシング、レスリング、柔道における体重別のような身長別の階級制はない。前述したように世界を見渡せば、身長が八木たまみより10cm以上高い選手ばかりだから、やはりこの差は大きいと言わざるをえない。八木たまみはモスクワ・オリンピック幻の陸上日本代表18人の1人だが、もし出場していたら結果はどうだっただろう? 1m90cmを跳んだ後、八木たまみは実は不振が続いていたのだが、仮に1m90cmを跳んだとしたら、優勝は無理でも当時のほとんどの国際大会の例を見ると間違いなく入賞はしていただろうと思われる(ちなみに世界記録は2mを超えていた)。そうなれば八木たまみの名はもっと広く世間に知れわたったに違いない。まことに残念なボイコットだった。さらにファンとしてもう一言、言わせていただくと、もし女子走り高跳びに身長別の階級である165cm以下級があったとすれば、彼女は文句なしの金メダリストであり、たぶん、今も190cmはさん然と輝く世界記録であろう。

八木たまみは25歳でトップレベルからの引退をした後、しばらくは陸上競技中継のリポーターをしたり、またマスターズ(年齢別の競技大会)の大会に出場したり、専門雑誌で連載記事を書くなど、陸上界では結構長く活動し、貢献したが、群馬県出身の彼女、今は結婚して地元で幸せな日々を送っているそうだ。

Ⅲ　80年代のスポーツを中心に

▼中曽根「戦後政治の総決算」内閣

81年、アメリカではロナルド・レーガン大統領が誕生するのだが、82年11月には、三角大福（中）最後の人物、中曽根康弘が総理大臣に就任する。やがて「ロン・ヤス」関係といわれる〝親密〟な状態に。サッチャリズムにレーガノミクス、そして中曽根の「戦後政治の総決算」（これは85年）、政治・経済での新自由主義のうねりは確実に大きくなっていった。

中曽根康弘はおよそ5年にわたって首相を務めた。当時としては久々の長期政権だった。太平洋戦争時、旧日本海軍の主計少佐、いわば上級将校である元軍人だけあって、個人的には83年の「日本列島は不沈空母」発言が印象深い。頭がいいのはその様々な発言から私にもわかったが、軍人出身だと平和国家たる日本においてついこんな時代錯誤もはなはだしいことを言ってしまうのだなと思ったものだ。しかし、中曽根内閣は86年4月、男女雇用機会均等法も施行している。後にこの法律は改定されていくが、男女間の雇用の差別をなくす第一歩として果たした役割は大きいといえる。

そして2018年の現在、紆余曲折を経て政治状況はまさに「中曽根政治」の延長線上にあるといえるのではないか。

▼1981年という年の同級生野球人

1981年もまた、ひとつの区切りの年である。77年に現役で大学に入り4年で卒業した者は、この年社会人1年目を迎えている。それが「同級生」のどれくらいの割合になるかはわからないが、活躍する人はちゃんと活躍している。

ドラフト1位で東海大学から巨人に入った**原辰徳**は、**この年新人王**をとっている。日本一にもなれたのだから、この年一番幸せな同級生野球選手のひとりであったことは間違いない。

が、気の毒な同級生もいる。あの**宇野勝**である。高校から中日に入団、この年にはレギュラーをとっているのだから、その意味でもたいした選手なのだが、どうしても81年8月26日の巨人戦での〝**ヘディング事件**〟が語られてしまう。平凡なショートフライを照明が目に入って見失い、こともあろうに頭にあたって跳ね返ったことからこう言われ続けている。このプレーで1点を失った中日だったが、試合は2—1で中日が勝ち、最悪の結果にはならなかった。その時投げていたのが星野仙一投手。ジャイアンツの連続試合得点記録更新を阻止すべく「完封」を狙っていたため、宇野勝のプレーにグローブをたたきつけて悔しがり、余計に話題性が広がった。

宇野勝は翌年4月、大洋戦でユニホームを忘れて球場に現れ、飯田幸夫スコアラーから背番号77のユニホームを借りて出場し、しかもセンターバックスクリーンにホームランを叩き込むなどという珍活躍もしていて、どうもとぼけた選手のイメージがついて回るが、実働18年、中日では主にショートとして10年以上にわたってレギュラーとして活躍、82年、88年のリーグ優勝に多大な貢献をし、ベストナイン3回、84年にはセ・リーグの**ホームラン王**に輝いた名選手であることをここで強調しておきたい。

▼80〜83年　続々と頭角をあらわす同級生たち

大石大二郎（87〜90年は大石第二朗）は、プロ入り2年目の82年に近鉄バファローズ（この球団名は消滅したので、あえて書いておきたい）でセカンドのレギュラーを獲得し、**新人王**を獲得。翌83年には福本豊の連続盗塁王記録を13年で止め、初の**盗塁王**に輝いている。俊足好打の一番打者として盗塁王は4回獲得している。84年のオールスターゲームでは、九者連続三振がかかっていた江川卓からセカンドゴロを放ち、記録を阻んでいる（その1球がカーブだったのも有名）。つまり〝偉大な記録のストップ男〟としても知られている。

やはり同級生の**高木豊**（横浜大洋ホエールズ。この球団名もなくなってしまった）も、82年からセカンドのレギュラーとなり、注目を集め始めた。高木豊を印象づけたのが83年6月5日の阪神戦だろう。9回二死満塁というシチュエーションで、相手の守備陣形を冷静に確認し、セーフティバントを決めサヨナラ勝ちという離れ業を演じた。その後もバッティング同様足を活かしたプレーで活躍。84年は**盗塁王**。85年には当時の近藤貞雄監督により加藤博一、屋敷要とともに「**スーパーカートリオ**」と命名された選手の一人。これは覚えている人も多いだろう。首位打者のタイトルこそないが、打率

3割以上のシーズンが8回、終身打率は・297という高い数字を残している。ベストナインも3回。

阪急（ブレーブス）―オリックス（ブルーウェーブ、この2つも消滅）でショートとして活躍した**弓岡敬二郎**も同級生だ。新日鉄広畑から80年入団で、1年目からフル出場を果たしている。守備の人の印象で、ゴールデングラブ賞を2回獲得。83、84年は当時の犠打パ・リーグ記録をマークしている。つまりシブくて通好みの選手だった。

もうひとり、80年にレギュラーを取った同級生がいる。南海（ホークス）の**久保寺雄二**なのだが、この先に悲劇が待っていようとは……（26歳のとき、急性心不全で急死）。

広島の同級生・**山崎隆造**はベストナイン3回、ゴールデングラブ賞4回。走攻守揃った広島らしい選手だが、83年から3年連続3割、84年から6年連続フル出場している。

辻発彦は西武入団が84年だから、遅咲きに感じられる。93年に**首位打者**を獲得。ベストナイン5回、ゴールデングラブ賞8回。

このように、わが同級生野球選手は、一・二番タイプ、セカンド・ショートが多いのだが、クラウンライター（・ライオンズ＝77、78年に2年だけ存在、その後西武となる）の同級生・**立花義家**は少し異質で、長距離砲のイメージだ。76年のドラフト1位、2年目19歳で3番に抜擢され、80年には低迷期の西武にあって全試合に出場し、チーム唯一の打率3割をマーク、18本塁打を記録している。

ロッテの**高沢秀昭**も84年に3割越えだから、やや遅咲き。一・二番タイプではないが88年に**首位打者**を獲っている。この年にはもう一つ印象深い本塁打があった。それはまた後で触れよう。

投手が少ないというのが少し残念な、わが同級生だが、中日の左腕、**都裕次郎**を忘れてはいけない。活躍期間は長くなかったが、82年には16勝をあげてチームのリーグ優勝に貢献している。

投手ではほかに**田中幸雄**（通算2000本安打の内野手田中幸雄は同姓同名で別人）、**久保康生**、**金沢次男**、**酒井圭一**らがいる。野手に比べればややプロでの実績が乏しい印象は否めないが、酒井圭一は高校時代、原辰徳と並ぶスター選手だったし、度重なるケガさえなければプロでももっと実績を残せるだけのポテンシャルがあった。

そうそう、忘れてはならない人物がいた。現役引退後、非常に優れたコメントの数々を発し続けている野球に限らないスポーツコメンテーター、ジャーナリストであり、ライターでもある**青島健太**もわれわれの同級生である。

▼原辰徳選手の評価

さて、同級生野球選手の代表たる**原辰徳**にもう一度登場願おう。現役時代の実績にもかかわらず、原辰徳の評価は厳しい内容のものが多いように思う。それは長嶋茂雄、王貞治引退後の巨人を背負わなければならなかったという宿命と切り離しては考えられないだろう。当然ファンはON引退後のスーパースターに！と期待したわけだが、不世出の大打者と言い切れる長嶋、王並みの成績を残すことなど目標にはできても、それは不可能に近い。これは気の毒といわざるをえない。ただし、原辰徳は野球でONを超えている分野がある。それは21世紀のところで説明しよう。

前述のとおり原辰徳は、プロ入り1年目から新人王に輝き巨人8年ぶりの日本一奪還に貢献、3年目83年には**打点王でMVP**にも輝いている。ベストナインは5回。今とは比べものにならないくらいプレッシャーのかかった巨人の四番打者として1000試合以上も出場。たいしたものなのだが、通算安打は1675本で名球会＝2000本には届いていない（2018年、殿堂入りはしている）。このへんが、ボクシングの世界チャンピオンは生まれていないし、大相撲でも横綱、大関は誕生せず、オリンピックの金メダリストも一人だけ、というわが同級生の特質なのかもしれない。

▼**［補注］**『プロ野球　最強選手ランキング――新基準で選ぶオールタイム野手トップ300、投手トップ100』（出野哲也、2008年、彩流社）という補注者編集の本がある。サブタイトルが示すように、この本はメジャーリーグでも採用されている打者を評価する指標に加え、年代や守備位置を考慮した著者独自の計算式＝新基準を日本のすべての選手に適用、チームへの貢献度を数値化し、それをランキングしたものである（投手についても新基準で評価している）。同書によると、わが同級生たちのランキングは以下のとおり。原辰徳43位＞高木豊58位＞大石大二郎62位＞宇野勝75位＞辻発彦125位＞山崎隆造147位＞高沢秀昭293位となっている（※2007年現在の順位、10年経っているので、順位は変わっているだろうが、同級生間の位置の変動はない）。ちなみに、1位は王貞治、2位野村克也、3位張本勲、4位長嶋茂雄、5位山内一弘、となっている。

▼「森昌子がいい」と思うようになった［補注］

81年、すでに**山口百恵**は引退、時代はやがて松田聖子ほかのアイドルが勃興していく状況になっていくなか、**森昌子**が「**哀しみ本線日本海**」を発表した。「おっ」と思った同級生は多かったのではないか。前述のようにそれまでの森昌子は、われわれのはるか上の世代からは評価されていただろうが、「そういうくくり」の人にすぎなかった。ところが「哀しみ本線…」は、演歌でもニューミュージックでもない何かを感じさせる歌だった。いまだったら「大人の歌謡曲」（©富澤一誠）というべきだろうか。83年には同じ傾向の「**越冬つばめ**」もヒット。「ひゅるりー」はカラオケの定番。この2曲をもって森昌子は「大人の歌手」になったといっていいだろう。

そして**岩崎宏美**もまた、82年に一段階ステップを上がった。彼女は79年の「**万華鏡**」あたりからいわゆる「歌謡曲」の歌手とは違うアーティスト感を醸し出していたが、この「**聖母**（マドンナ）**たちのララバイ**」で、アーティストとしての位置を確かなものにした。色褪せない名曲をもつ歌手は強い。

▼83年はワインレッド

われわれの同級生である**玉置浩二**も、何曲も名曲をもっているアーティストだ。彼の場合、ミュージシャンなのか、男優なのか、ただの色男なのか、わからないところがあるが、たぶん本業はミュージシャンだろうと思う。

井上陽水のバックバンドだった**安全地帯**のボーカルとして83年にヒットした「**ワインレッドの心**」でブレイクした。世に出たのは同級生の**小室哲哉**より早い。その歌声は今もとても高い評価を受けている。俳優としても86年に映画『**プルシアンブルーの肖像**』で初主演を飾った。

その後はミュージシャンとしても俳優としても本人にその意識があったかどうかはわからないが、実にバランスよく活動し、それぞれに存在感を示し続けている。息が長いという点でもそれは稀有な才能であり、実力であるといえよう。

結婚、離婚を繰り返していて、私生活については自分の感情に素直に生きているというに留めたい。いつまでも元気でい続けてほしいと願いたくなる不思議な魅力に溢れている。彼のようなタイプは他世代にはあまりいないであろう。

玉置浩二について、ラジオで聞いた情報で未確認なのだが、「日本でもっとも過小評価されているミュージシャンのひとり」と山下達郎が言ったとか。わかる気がする。NHKの大河ドラマでの怪優ぶり（96年『秀吉』の足利義昭）は、ホントにイっちゃっている人を思わせたし、テレビでのミュージシャンとしての受け答えもどこかヘンに見える。「ヘン」が演技に見えないのだ。そのへんが過小評価の原因かもしれない。

▼何度目かの小劇場ブーム

さて、「ワインレッド」という色そのものも、この頃、異様に流行っていたと記憶している。時代の色だろう。80年からの「最長不況」が終わり、今から考えると、もうすぐくる「バブル」の前兆もちらほら。国鉄や電電公社の民営化の話も本格化している。

そういう時代だからか、小劇場演劇がブームとなっている。野田秀樹率いる「夢の遊眠社」や**鴻上尚史**の「**第三舞台**」がその代表。野田は少し上だが、鴻上尚史は同級生だ。彼は早稲田大学在学中に劇団「第三舞台」を結成している。寺山修司の天井桟敷、唐十郎の状況劇場といった小劇場（テント）での演劇は60年代後半から確立されていた。その流れをくむということもできるが、鴻上尚史の個性豊かな演出は、高く評価された。「第三舞台」の作品としては94年上演の『**スナフキンの手紙**』で演劇界の芥川賞といわれる**岸田國士戯曲賞**を受賞している。

しかし、彼の知名度を圧倒的にアップさせたのは、**83年に「オールナイトニッポン」のパーソナリティを担当**してからだと思う。すでに深夜放送が爆発的な人気につながる時代は去っていたが、軽快な口調が人気を得たことだけは間違いない。さらに映画監督、舞台の演出、脚本などを手掛けながら、著作も多く、マルチな活躍なのは説明するまでもない。

常にテレビに出演している印象で、すべてにおいて大変優秀な男だと思うが、われわれ世代共通の不運と感じるのは、小劇場にしても深夜放送にしても、彼が10年早く生まれていたら、ということだ。つまり、団塊の世代前後の方々が皆、先にやってしまっているから、オリジナリティはあるのだが、後追い感がどうしてもぬぐえないのだ。

近著『**不死身の特攻兵　軍神はなぜ上官に反抗したか**』（2017年、講談社現代新書）は、何度も「特攻（＝自爆攻撃）」を拒否した天才パイロットを発掘したドキュメント作品。われわれ戦後世代が、後世に語り継がねばならないことを教えてくれる力作である。

▼83年、筆者がアナウンサーとなるまでの顚末

ここで再び、私事を述べることをお赦し願いたい。

スポーツ実況アナウンサーを目指すと決めたことについては先に述べた。そこで私は大学4年の春、悔いを残したくなかったのでアナウンサー養成の専門学校にも通い始めた。

そして私なりに懸命に努力をしたつもりだったが、次々に放送局の試験を〝受けては落ち〟を繰り返した。1次で落ちた局もあれば重役面接で涙、というケースもあった。結局、東京、大阪、名古屋の局とは縁がなかった。時期的に次に試験が行なわれるのは福岡、広島、仙台といった規模の都市の放送局である（この年、札幌は募集がなかった）。私はここでなんとか引っかかることができた。福岡のＲＫＢ毎日放送（ＴＢＳ系）に採用が決まったのだ。季節はもう晩秋、82年の11月の終わりだった。心身共に疲れ切っていたのを思い出す。

▼同級生アスリートは84年のロス五輪で活躍

同級生たちの活躍に戻ろう。私のいわば専門分野であるこの頃のスポーツの世界について述べたい。

われわれの**同級生で唯一のオリンピック金メダリスト**は、84年のロサンゼルス・オリンピック、レ

スリング・グレコローマンスタイル52kg級の**宮原厚次**である。

この大会は80年のモスクワ大会を西側諸国がボイコットした報復というような形で、東側諸国がボイコットし、やや寂しい規模だったが、宮原厚次は81年の世界選手権と4年後のソウル・オリンピックでも銀と、この階級で長く世界の頂点を争うレベルで戦い続けていた。東側諸国が参加しようとも金を獲っていた可能性は高いといえる。

全日本選手権では81～88年の8連覇を含む9回の優勝を誇っていて、伝統の日本レスリング、そのグレコローマンスタイル史上、最も偉大なレスラーといってもいい男である。まだ40代の頃、一度だけ会ったことがあるが、寡黙で礼儀正しい好人物という印象が残っている。

金以外のオリンピックのメダリストは他にもいる。すべて84年のロサンゼルス大会だ。

銀がレスリングフリースタイル48kg級の**入江隆**、銅が重量挙げ52kg級の**真鍋和人**と女子バレーボールの**三屋裕子**と**広瀬美代子**である。

(※このときレスリングも重量挙げも、女子は正式種目になっていない)

▼バレーボールで銅の三屋裕子は、日本のバスケット界を救った

同級生メダリストの中で知名度№1は、おそらく**三屋裕子**だろう。

日本の女子バレーは、オリンピックで初めて採用された64年の東京大会から76年のモントリオール大会までは常に金メダルを争えるレベルにあった。事実上ソビエトと日本の2強だったからだ。その

後、他国のレベルが上がったため、「金」を目標にすることはできても実現はどんどん難しい状況になっていた。だから80年のモスクワ大会に出場できても果たしてどうだったかは疑問だが、84年のロサンゼルス大会の銅メダルの評価は決して低くはなかったという記憶がある。根性のレシーバー広瀬美代子も応援したくなる雰囲気を持っていたが、三屋裕子は非常に魅力的なとてもカッコいいセンタープレーヤーだったから人気があり、ご記憶の方も多いだろう。

三屋裕子は、引退後も長くコメンテイターとして活躍した。たしかCMにも出ていた。特に近年の活動はすばらしい。それは、内紛に始まって分裂状態に陥り、FIBA（国際バスケットボール連盟）から国際大会出場停止というペナルティまで下され、ひん死の状態にあった日本のバスケットボール界を川淵三郎氏などとともに救ったことだ。

日本のバスケットボール界に関わる人にとっては耳の痛い話かもしれないが、ここで**バスケット界近年の動き**についておさらいしておこう。

低迷が続く「男子」は、2005年頃から「日本のバスケットボールもプロ化を」と始動した。しかし、従来の企業アマ型にこだわるチームがいて話はなかなか進まず、まずはプロリーグとして「bjリーグ」が「日本リーグ」（NBL）とは別の形でスタートした。

その時点では、簡単に言うと「いずれはNBLのチームもいっしょになってプロリーグを作ろう」という掛け声があったわけだが、いつまでたっても話は進展しなかった。

その背景には2006年、日本（さいたま市）で初めて開催されたバスケットボールの男子世界選手権（現ワールドカップ）が、全く盛り上がらず、大赤字になってしまったことがある。その責任の所在は？ということが、いつまでたってもクリアにならなかったのだ。

無論、そんなことは関係なく「日本のバスケットの未来を考えるなら早急にプロ化を！」推し進めなければいけなかったのだが、2リーグ並立のとても不安定な状況が続き、とうとうＦＩＢＡから、「国内リーグを統一せよ、さもなければ日本はＦＩＢＡ会員資格停止、制裁処分としてすべてのカテゴリーでの国際試合の出場を禁止する」という通達を受けることになった。国内のトップレベルのリーグが2つある国など日本だけで、そんなのは認めないというわけだ。

そのような危機的状況になっても話は全く進展せず、ほんとうにＦＩＢＡから処分を下され、日本（ＪＢＡ＝日本バスケットボール協会）は国際試合に出場できなくなってしまった。男子は当時も今もアジアでもＢ級レベルの実力しかなく、ほんとうになさけないほど弱いが、世界と伍して戦える女子までも対象となると、これはもはやバスケットボール界だけの問題ではなく、日本スポーツ界全体の問題となった。2014年秋のことだ。

ＦＩＢＡはＪＢＡが機能不全になったと判断し、ＦＩＢＡタスクフォース「ＪＡＰＡＮ2024ＴＡＳＫＦＯＲＣＥ」を設立。チェアマンに川淵三郎が就任した。ご存じ、日本サッカー界の構造を変え、Ｊリーグを作った男である。そして2015年には制裁処分の責任を取り、ＪＢＡ全理事が辞任、新理事に体操界から国会議員としても活躍した小野清子、そしてバレーボール界からコメンテイターとして活躍をしてきた三屋裕子など、スポーツの知識を持つがバスケットボールと無関係な他競技の有識者を選んだのだ。

　こうして新理事が中心となって難産の末できたのがBリーグ。FIBA資格停止も解け、ようやく健全な状態に戻り、女子は堂々と2016年のリオデジャネイロ・オリンピックに出場できた。

　こんな流れで、当初**JBA会長**は川淵三郎だったのだが、それを**現在は三屋裕子が引き継いでいる**形だ。そのような誇るべき同級生三屋裕子だが、今年（2018年）のアジア大会で、こともあろうに男子バスケットボール代表選手4人が歓楽街で買春行為を働いたという事実が発覚した。あきれ返ってものが言えないが、その後の三屋裕子の素早く的確な対応に私は心打たれた。「ここまで日本のバスケットボールのために尽力してきたのに…」とさぞや無念であっただろうと思うが、自身の会長としての謝罪はもちろんのこと、4人を帰国の緊急記者会見場に登壇させ、それぞれに自らの言葉で謝罪させたことは、世論に対する会長としてやれる精一杯の行動だったのではないだろうか。選手に対する処分も自身に対する処分も素早く適切であったと思う。私は苗字が「よつや」なので、「みつや」と「よつや」ということで、三屋裕子には若い頃から勝手に親近感を抱いていたが、今後も心から応援したい。

　こんなすばらしい会長がいるのだ。男子代表諸君。ぜひ、がんばって2020年東京オリンピックの出場権を獲得していもらいたい。

　ところで、三屋裕子とバレーボールとの関係だが、**彼女は今もJVA（日本バレーボール協会）評**

議員を務めており、決してバレーボール界とも決裂したわけではない。

▼83年、いきなりラジオのレギュラー番組を担当

さて、3たび、私事を述べさせていただく。

83年春、すべてにおいて未知の土地である福岡で私の社会人としての日々が始まった。福岡には中洲という歓楽街があるが、基本的にあまり酒が飲めないことと、「オレは福岡にアナウンサーをやるために来たのだ。遊びにきたんじゃない」などと無駄に力んでいたので、中洲にはほとんど行かなかった。それに入社して初めて知ったのだが、先輩に20代の男性アナウンサーは一人もいなかった。20代は私と私の同期の2人だけだ。聞けば男性アナウンサーの採用は11年ぶりだそうで、大変いびつな年齢構成になっていた。

入社半年、驚くべきことに私はラジオのレギュラー番組を3本も担当することになった。そのうちの一つは「男3人DJ」を売りにする平日午後の2時間30分の名物番組だ。いきなり大先輩2人との会話に入っていかなければならなかった。ハードルが高いことこの上ない。しかもこの番組には必ずゲストコーナーがあり、九州の拠点である福岡にキャンペーンのためにやってくる大物歌手や期待の新人などが番組中、毎日スタジオに入った。ペーペーの新人である私も、それなりの話を聞き出さなければならない。むろん、ラジオの1コーナーだ。リハーサルなどない。演歌からフォーク、ポップ

スまでジャンルも多岐にわたる。放送の同録は欠かさずチェックして日々精進に努めたが、成長曲線は低く、毎日反省の連続だった。

▼RKB毎日「歌謡曲ヒット情報」のゲストたち

この番組は、会社を辞める少し前の87年春まで担当した。この間、後にビッグスターとなる新人や今は亡きスターにも音楽へのさまざまな思いを聞いている。その中には、今振り返れば同級生もたくさんいる。**原田真二、京本政樹、中原理恵、山下久美子、白井貴子、小林明子**……。皆、しっかりと自分の考えを持ち、前を向いていた。

山下久美子は当時、布袋寅泰と結婚していた。BOØWYが売り出し中の頃だ。そして、ちょうどその頃、後の布袋の妻、今井美樹がデビューしている。この3人はこの時期、相前後して番組のゲストコーナーにやってきていた。こんな偶然も今思い出すととてもなつかしい。

それにしても、まだ全く無名だった今井美樹がゲストコーナーにやってきたときの印象は強烈だ。元々、陸上短距離ランナーで確かインターハイだか国体だかの出場経験もあるという今井は、歌手というより、さわやかなスポーツ少女の印象だった。番組関係者すべてに明るく愛想を振りまき、しかもそこには媚びる様子もいやらしさもまるでない。皆を一瞬にしてファンにしてしまうような独特の雰囲気を醸し出していた。彼女のゲストコーナーが終わって去った直後、ミキサー室からディレクターが「この子は売れるね」とすぐに言ってきたものだ。皆が納得した。

その他にも無名時代の本田美奈子、爆風スランプ、プリンセス・プリンセスなど、「やっぱりスターになったね」という例はいくらでもあった。そんな楽しみはこの番組を担当させてもらったからである。今はもうなくなってしまったこの男3人ＤＪからなる番組「歌謡曲ヒット情報」はアナウンサー四家秀治の原点でもある。

ただ、一方で、スポーツ実況を目指してアナウンサーになった私は次第に焦り出していた。いくら「スポーツ実況を」と主張したところで「ライオンズがいなくなったのにお前は何を言っているんだ」という顔をされたものだ。ライオンズの本拠地が福岡から所沢に移転したことで、会社はスポーツ部をなくしていた。かつての西鉄ライオンズの本拠地平和台球場（今は取り壊されてもうない）では、興行としてプロ野球の公式戦が年間20〜30試合開催されてはいたが、西武ライオンズがらみの数試合を申し訳程度にラジオで中継するぐらいだったから、私にとっては修業のチャンスも多いとはいえない。そんなストレスをためながらラジオのレギュラー番組に追われ、日々を過ごしていた。

▼84年のマドンナ

このへんで、超ビッグな海外アーティストの同級生の一人に、触れなければいけないだろう。**マドンナ**だ。彼女のブレイクは誰でも知っているであろう**84年の大ヒット「ライク・ア・バージン」**である。改めて考えるともう20代も半ばに入っているわけだから、彼女のブレイクはかなり遅い。実際、その頃、マドンナは年齢を3つも若くサバ読んでいる。これを後に改めたり、日本の文字媒体も、ろ

くに確認もせず表記するものだから（確か年齢不明などと書かれていたものもあった）私は、マドンナは一体いくつなのだ？としばらく思っていた。

まあとにかく、決してブレイクが早かったわけではないので「ライク・ア・バージン」が売れた後も、彼女にも多少焦りはあったのだろう。その後は、話題作りとしか思えない映画出演もしたし、挑発的な風貌で歌い、男に気を惹かせることしか考えないシンガーにも見えた。だが、MTVも駆使して次第にいろいろなイメージを作り上げ、それがほとんど成功し出してからのマドンナは、どんどんその支持層を広げていく。またその外見もほぼ完ぺきに維持しながら今年60歳になるという点において、前代未聞の女である。これはもちろんネガティブな意味で言っているのではない。

私は当初、マドンナが好きではなかったが、結婚、離婚を2度して出産も2回、どんどん人間的にも大きくなっていったのではないか、と思うようになった。マドンナについての論評は、様々なジャンルで女性として最も成功した云々、と画一的な表現で書かれているのを目にすることが多いが、マドンナを語る上でそんな評価など私にはほとんど無意味に思える。素直に偉大なのである。

特に2000年以降のマドンナは、アーティストとしても一人の女性としても人間としても世界に大きな影響を及ぼすようになってきて、私は同級生としてうれしい限りだ。U2のボノと並んでも、ボノのほうが2つ若いとはいえ、存在感は圧倒的にマドンナだ。

マイケル・ジャクソンの分も、プリンスの分も、長く元気に輝き続けてほしい。

時代はバブルへ

▼85年の意外な衝撃

1985年はわれわれ同級生が意外にたくさんの動きを見せる年だった。しかし時系列からすると、よくない話から入らざるをえない。

正月早々、南海ホークスの中心選手になっていた同級生**久保寺雄二**が急性心不全で突然亡くなった。高卒でプロ入り、2年目78年には一軍に定着、80年にはショートのレギュラーポジションを得、まさにこれからという26歳のあまりに早い急逝だった。実働8年770試合出場。同級生のライオンズ**立花義家**は、久保寺雄二とはお互いに非常に強いライバル意識を持って高め合っていたそうで、亡くなったことは大変なショックだったと語っていた。

人間、いつ何があるかわからない、という事実をよそに、時代は平然と動いていく。

4年目の中曽根内閣は絶好調、前述した「戦後政治の総決算」を7月に表明、8月15日は首相として靖国神社に公式参拝している。しかし、この勢いのなかで6月に自民党から出された「国家秘密法」は12月に廃案になっているから、「特定秘密保護法」を2013年に成立させた第2次安倍内閣の「強さ」は中曽根内閣以上ということができよう。
この年9月にはG5によるいわゆる「プラザ合意」がなされている。円高ドル安が誘導され一時的に円高不況となるが、日銀の金融緩和策により投機が加速、空前の投資ブームとなり、やがてバブル経済へという道筋ができていった。ひとことでいうと「バブル前夜」ということになる。

暗い時代でない。主婦の不倫を素材にしたテレビドラマ『金曜日の妻たちへ』が大ブームとなる。トレンディドラマはこのあたりから始まったといえよう。驚異的な視聴率を記録した『金曜日の妻たちへⅢ』の主題歌「**恋におちて—Fall in Love**」を作曲し歌ったのが**小林明子**だ。彼女も同級生である。彼女は作家としての才能もあり、中森明菜や沢田知可子などにも曲を提供しているが、ヒット曲としてはこれ以外思い出せない。しかし、イギリスにも活動拠点をつくり、日本と往復しながらマイペースで今も歌手を続けているのは敬服に値する。

ダメトラといわれつづけていた阪神タイガースが、21年ぶりにセ・リーグ優勝→日本一になったのもこの年だ。これは私個人の感覚かもしれないが、85年というと「あ、阪神優勝の年ね」となる。ちなみに私はタイガースファンではない。
優勝に狂喜した阪神ファンが道頓堀川に飛び込んだり、「ランディ・バーズに似ているといって〝カーネル・サンダース〟の人形を放り込みました」と言ったかどうかはわからないが、そんなことをこの年10月始まったテレビ朝日の「**ニュースステーション**」が伝えていたに違いない。その後のニュース番組を変えたといっていいこの番組、もちろん久米宏が「主役」なのだが、番組を長く支えた局アナ**小宮悦子**は、われわれの同級生である。

久米は小宮悦子についてこんなことを語っている。《民放の女性アナウンサーには常に「若々しさ」「かわいらしさ」が求められているので、女性アナウンサーがニュース原稿を読む場合、総じて音程を上げている。しかし、それでは聞きづらいニュースとなってしまう。そこで彼女には「もっと声を低くして」とお願いした。彼女は声帯をいためながら努力を重ね、『ニュースステーション』にいた13年間でずいぶん声を低くした。》（『久米宏です。――ニュースステーションはザ・ベストテンだった』久米宏著、2017年、世界文化社、212頁より要約）。また、女性アナウンサーは無意識に笑顔になることが多いので、「ニュアンスのある無表情」を要求したという。

そう言われてみれば、という感じがある（※なお小宮悦子とニュースステーションについては、242頁の特別インタビューも参照してほしい）。

▼早熟の天才秋元康の「夕焼けニャンニャン」

さて、85年はフジテレビで「**夕焼けニャンニャン**」が始まった年である。この番組の構成に関わり、ここから生まれた**おニャン子クラブ**に作詞家として大量の楽曲を提供した異次元の天才同級生が**秋元康**である。

現在は自身の肩書も作詞家である秋元康。

当初、彼は同級生の範疇に入っていなかった。私の中では確か2つ年上だと思っていたからだ。補注者から指摘され、「えっ？　秋元康って同い年？」と初めて知った。それもそのはず、秋元康はずーっと実年齢を違えて公表していたのだ。

ここまででもマドンナ、中原理恵など年齢を違えてというケースはいくつかあったが、それはすべて、自身を売るための方法論であったはずだ。マドンナの場合は、少しでも若く見られたほうがいいということだろうし、中原理恵の場合は、曲のイメージと本人の雰囲気からして、少し実年齢より上にしたほうがいいと考えたであろうことが容易に想像できる。2人とも、とにかく「歌手として売る」ための手段として、年齢を変えたわけだが、秋元康の場合は全く違うようだ。

彼は高校2年生のときすでに、ラジオの台本を書いていた（！）という。そういうこともあって、同級生からラジオ局でバイトをしたいと頼まれたので、局側にその話を伝えたら、「バイトは大学生以上でないと」と言われてしまった。そこで同級生の友人を大学生ということにするなら自分もそうしよう、というのが、年齢を2つ上にした理由だという。そして、そのままずっと仕事を続け、正しい年齢にしたのは2012年だった。単純に訂正するのが面倒だったからということのようで、たぶん、私が秋元康のプロフィールを見たのは、それ以前だったのだろう。

確かに、年齢が2つ違っていたところで誰かに迷惑をかけるわけでもなかったのだろうが、間違いなく早熟である。あらためて秋元康は、何と高校2年生のときにラジオの台本を書き始めて、放送業界にデビューしているのである。その頃、われわれの大半は、ラジオは聴く側以外の何物でもなかったはずだ。私などさかんにはがきを出しては「読まれた！」などと言って喜んでいただけの普通の16、7歳の少年だったのに、彼はすでに作る側にまわっていたのだ。それは「花の高2トリオ」がそれなりにがんばっている頃であり、まだ山口百恵は、阿木―宇崎コンビの曲を歌う前の「夏ひらく青春」「ささやかな欲望」といった性典路線（平岡正明著『山口百恵は菩薩である』講談社より）の楽曲を歌っていた時代なのだ。やることが異次元である。

さて「夕焼けニャンニャン」がブームとなった80年代のなかば、秋元康は放送作家が本業であった。彼の言動から感じるのは、とにかく力みがないことだ。前出の年齢問題にしても高2にして何のためらいもなくやっているし、おもしろがっているようにさえ見える。「2つ年齢を上にサバ読んでみようかな。それで友人がバイトできればいいや。もしバレたって、それほど大きな問題じゃないだろう」くらいの気持ちだろう。

このように、常に、捉えようによっては「ふざけてんじゃねえよ！」と言いたくなるような風貌と口調で生きてきた印象である。しかも自身が仕事として深く関わっていたおニャン子クラブの一人である高井麻巳子と結婚しているのだから「全く軽～い奴だ」の一言も加えたくなる。

しかし、秋元康は生み出すもの、ほとんどすべてをヒット作品や大ブームにしてしまう。遊び感覚がいかに大事か、いや、彼は遊んでいるのではなくおもしろがっているのだろう。常にリラックスして物事に対処することで、当たり前のようなことをおもしろいものに仕立て上げてしまうのだ。「こういうことをしたら大衆に受ける。大衆はきっと喜ぶ。おもしろがる」という確信に満ちた感覚が彼には備わっていると考えられる。これは常人には計り知れない才能であり、亀渕昭信、大橋巨泉、奥山侊伸といった放送業界で何が面白いかということをとことん追求した人たちとの関わりがあったこともたぶん無縁ではない。

それから、おニャン子クラブとその関連のシングルが次々にオリコン1位になった現象は、「ランキング革命」だった。これは、秋元康自身がオリコンのランキングのシステムを探り、どのようにシングルを売ればその1週間で1位になるかを調べ、1位になるように売上が記録されるよう「システム」を作り上げたからだ、と言われている。だから、初登場第1位なのに翌週にはもう10位以下だったりする曲ばかりになったのだ。

おニャン子クラブ関連の曲は86年にはなんと36週も1位を記録している。これは出す楽曲を1位にするための戦略であったと同時に、ランキングでファンとともにおもしろがり、楽しんでいたということを意味している。そんな発想でシングルレコード発売を考えた人物はかつていなかった。それも秋元康ならではの才能であり、発想である。

秋元康にはまた登場してもらうことになる。

▼85年　吉本隆明vs埴谷雄高「コム・デ・ギャルソン」論争　［補注］

こうして80年代もなかばになると、日本が消費社会であることが実感できるようになってきた。この事態に対して、われわれより10歳くらい上の全共闘世代にとってはカリスマ的存在であり、いわば〝仲間〟であろうと目されてきた二人が骨肉の論争を繰り広げた。ひとりは戦後文学の代表的存在である埴谷雄高、もうひとりは戦後思想の大物吉本隆明、85年のことである。

埴谷は、「コム・デ・ギャルソン」をまとって女性ファッション誌に登場した吉本を、戦後においてもアジアの国々を「ぶったくって」得た日本社会の高度成長にお墨付きを与え、高度資本主義を思想的に肯定するものとして全面的に批判した。これに対して吉本は、社会が発展することによって、女性ファッション誌を読むような「女子賃労働者」が消費生活を謳歌するほど豊かになったことはむしろ喜ぶべき事態なのだ、と反論した。

われわれの同級生である**大塚英志**は、前述のように連合赤軍内部に消費社会をめぐる対立を見出したのだが、その延長線上で、この論争を次のように解釈する。《(吉本にとって)「ギャルソン」…は戦後の資本主義国の日本が消費社会に突入することで相対的に勝ち得た「プロレタリアートの解放」を象徴するものと見なされ》《八〇年代消費社会は…吉本にとっては現実に達成された「革命」だったのである。》(『「おたく」の精神史　一九八〇年代論』二〇〇七年、引用は朝日文庫版、65頁)

私には、当時もいまも吉本―大塚の論理のほうが説得力があるように思える。いってみれば消費資本主義社会の無意識は、さまざまな論者たちに「オフサイド・トラップ」を仕掛け、その進展についていけない者を次々に「オフサイド」にしていったのだった。偉大な埴谷も、変動する現実に対し旧態然とした倫理的な思考しかできなくなった、ということである(……しかし、グローバル時代のいま、アジアを倫理的でないやり方で視野に入れることは不可欠になっている）。

このように、社会の進展のほうがわれわれの思考より「速い」という事態はさらに進み、ほぼ10年後「オウム事件」として噴出したのではないだろうか。

▼87年　竹下内閣へ

1987年、NTTが日本初のハンディタイプの携帯電話を世に出した。まだまだ家庭電話がダイヤル式ではなくプッシュ式に、コードレスホンにと替わっていったあたりの時代、携帯を多くの人が手にするのはもう少し経ってからで、外出している人を探すにはポケベルが使われていた。そういえば『ポケベルが鳴らなくて』（緒形拳、裕木奈江主演、93年、日本テレビ）というドラマもあったから、携帯の普及は間違いなく93年以降だ。また、パソコンの一般への普及もWindows95の発売まで待たなければならない。家庭用ビデオは浸透していたが、VHSとベータの戦争が終わった頃で、まだまだアナログの空気もたくさん残っていた87年、日米経済摩擦の激化、4月の国鉄民営化（「ゆく年くる年」のような映像がそれこそ「ニューステーション」で流れていた）があったが、中曽根康弘内閣は任期満了、11月に竹下登内閣が誕生した。

竹下登といったら、DAIGOのおじいちゃんではあるが、「バブル」、「ふるさと創生1億円」のバラマキ、「平成」への改元、「消費税」の導入、「リクルート疑惑」で89年に退陣と、ある意味記憶に残る総理だったということになる。

▼〝トレンディ〟のころの俳優たち

バブルといえばトレンディドラマだ。その手のドラマに欠かせない俳優がわれわれの同級生にいる。まずは**陣内孝則**。彼は、地元福岡でロッカーズというグループのボーカルから芸能活動を始めている。後にソロとして、そしてたぶん役者としてその地位を確立したといっていいだろう。トレンディドラマが消えた後も、いわゆるタレントとしての彼の存在感はむしろ上がったのではないだろうか。演技力はとても高い。今も息の長い俳優として活躍し続けている。そして彼はまた、競馬好きとしても知られる。JRAの馬主登録もしているれっきとした馬主だ。今後、〝陣内孝則所有馬GI制覇〟のニュースを耳にする可能性は十分にある。すでにGIホースの馬主になっている北島三郎や佐々木主浩に負けないでもらいたいものだ。

劇団「ミスタースリムカンパニー」出身の**布施博**も陣内孝則同様、80年代から90年代初頭のトレンディドラマには、大抵どこかで出演している。〝W浅野〟主演の『**抱きしめたい**』(88年)は代表作のひとつだと思うが、脇を固める貴重な存在で、こういう人は長続きする。年齢相応の演技という点で、最もいい雰囲気を醸し出しているようにも感じられるが、それは個々人の受け止め方にもよると思うので何とも言えない。布施博は今年(2018年)4月、脊椎管狭窄症で、足が不自由な状態と報道された。大変気になるが、われわれはそういう年齢に差し掛かってきているということも認識しなければいけないだろう。

トレンディドラマとは関係がないが、80年代半ばからめきめき存在感を増してきた俳優が**京本政樹**だ。もともとミュージシャン志望だった京本政樹だが、彼は時代劇俳優として一つの形を作り上げたと言ってもいいのではないか。

NHKの大河ドラマ、フジ系の『**銭形平次**』朝日系の『**必殺シリーズV**』(85年)など、いずれもその軽やかな動きとシャープなセリフ回しが同性から見ても決まっているなと思える。ミュージシャンとしても頑張りたい反面、仕事は俳優業が中心というちょうどこのころ、前述のラジオ番組で一度インタビューの機会があり、その時、音楽への熱い思いを語ってくれた。きっと悩み多き時期だったのだろうが、歌手活動は休止し、役者として今にいたっているようだ。しかし、まあ、今も若々しいまだが、同級生である。

京本政樹同様、歌手出身なんだけど俳優としての印象のほうが強い同級生として**芦川よしみ**が挙げられる。76年に、アイドルであったかどうかは微妙だが歌手としてデビューしている。デビュー2曲目の「**雪ごもり**」で同年のレコード大賞新人賞も受賞している。シングルはソロで合計7枚発売しているが私は全く知らない。たぶん、芦川よしみで有名なのは矢崎滋とのデュエット「**男と女のラブゲーム**」と、武田鉄矢とのデュエット「**男と女のはしご酒**」の2曲だろう(ともに87年発売、胃腸薬のCMで使われた)。〝バブルと酒〟という時代を感じさせるヒットだ。

しかし、芦川よしみは、女優としての実績を積んできた。女優としての本格的な活動は83年からだから早いほうではないが、同年代の女優陣と比べても決して劣ることはない魅力たっぷりの演技で今も元気に活躍している。これはあくまでも好みの問題だが、彼女は時代劇が似合うと思う。『必殺シリーズ』『水戸黄門』『暴れん坊将軍』など、出演も多い。また時代劇を拝見したいものだ。

▼同級生作家

80年代後半ともなると、われわれも30代となる。作家になった人はこの頃から頭角を現わしてくる。現在は、年齢非公表主義だそうで、どこを探しても年齢がわからないのだが、ノンフィクション作家、**家田荘子**も私の記憶に間違いがなければ同級生である。年齢非公表主義の人の年齢をバラしてしまっていいのかと悩んだのだが、その理由は「年齢差別と闘う」ということのようなので、親愛なる誇るべき同級生仲間として紹介するなら構わないだろうと勝手に判断した。

家田荘子といえばなんといっても『**極道の妻たち**』だろう。これは彼女の週刊文春に連載されたルポルタージュが原作となっているのだが、シリーズ化された映画のほうがはるかに有名だ。第1作は1986年に作られ岩下志麻が主演、その後、十朱幸代、三田佳子も1作ずつ主演したが（右の**芦川よしみ**は3作目に出演）、4作目からは岩下志麻が再度主演という形で、計10作が製作された。

知っている人は知っていると思うが、原作は「ごくどうのつまたち」と普通に読むが、映画のほうは「ごくどうのおんなたち」と読ませる。まあ、通称ゴクツマだが。

その後、今度はビデオ作品として高島礼子が主演して99年からシリーズ化されて5作。さらに、2013年に黒谷友香主演で1本だけ製作されて今にいたっている。

また『代議士の妻(つま)たち』（87年文藝春秋、テレビドラマとしては88年ＴＢＳ―タイトルは『女はいつも涙する　代議士の妻たち』）もヒットした。このドラマはシリーズⅡ、スペシャル版も作られている。

家田荘子の作品としては他にも『**私を愛して、そしてキスして**』（90年）―大宅壮一ノンフィクション賞受賞などが並び、大御所といってよいノンフィクション作家といえよう。

三屋裕子のところで「勝手に親近感を抱いていた」と申し上げたが、家田荘子についても苗字に「家」がつくという共通項から私は親近感を持っている。だが、２００７年に僧侶にもなっているという事実には驚かされた。このへんは常人には計り知れない感覚だ。もちろん、今も精力的に作品を送り出していて、うれしい限りである。

大御所の同級生作家には**山田詠美**がいる。彼女は87年『**ソール・ミュージック・ラバーズ・オンリー**』で**直木賞**を受賞している。彼女は近年芥川賞の選考委員をしているので、実質的なデビュー作『**ベッドタイムアイズ**』で芥川賞を取っていた、と勝手に思い込んでいたが、この作品は文藝賞で、芥川賞は候補のみ。『ベッドタイムアイズ』は大胆な性描写で話題になり、なんとなく村上龍のデビュー作『限りなく透明に近いブルー』に重ねて、芥川賞だと思い込んでいた。同級生の評論家・**大塚英志**によると「後に山田詠美となる山田双葉が中綴じのエロ劇画誌で特異な作品を発表していた」「作風としては『ガロ』系というかアングラ色が強い印象」（『おたくの精神史』）だったようで、それが『ベッドタイム…』にもつながっていたのかもしれない。性表現も大切だが、彼女には『**風葬の教室**』（89年）のような「いじめ」「高校生」など今日的話題につながる作品も多い。

▼そして小室哲哉

視点を同じ頃の音楽界に転じる。さきほど秋元康を同級生の天才と呼んだが、もうひとり同級生に天才を感じさせるアーティストがいる。**小室哲哉**である。彼が本当に世を席捲するのは90年代だが、80年代なかばから注目すべき動きを見せていた。

小室哲哉の名が公に知られるようになるのは、**TM NETWORK**のメンバーとしてだが、TM NETWORKがブレイクする前から彼は作曲家として活動していた。岡田有希子、松田聖子、中森明菜、小泉今日子、中山美穂、堀ちえみといった80年代の錚々たるアイドルに曲を提供している。なかでも**86年**に発売された渡辺美里の大ヒット曲「**My Revolution**」は、作曲家小室哲哉の知名度を一気に高めることになった。

TM NETWORKのレコードデビューはマドンナのブレイクした84年だったが、この段階では、なかなかヒット曲を生み出せずにいた。本格的に売れるのは**87年**の10枚目のシングル「**Get Wild**」から。これは4枚目のアルバム『**Self Control**』からのシングルカットだった。この年の暮れに小室哲哉は29歳になるのだから決して若くはない。ちなみにTM NETWORKの他の2人、木根尚登、宇都宮隆は一つ年上である。このあたりから小室哲哉は、まずはTM NETWORKのメンバーとして、さらには音楽プロデューサー、ならびにコンポーザーとして日本の音楽シーンにおいて絶対的な存在感を示すことになる。

ここでまた、少しばかり私個人の話をさせていただく。

TM NETWORKがブレイクした87年の9月、私は勤めていた会社――福岡の放送局RKB毎日放送（TBS系）――を辞めている。前述したようにスポーツの実況を目指すには極めて状況が悪いということに加え、その他、ここには書ききれない種々の事情もあった。苦労して合格し、せっかく採ってくれたのに辞めることについては当然悩んだが、29歳という年齢は新天地を求めるにはギリギリという気持ちもあった。無論、翌年、南海ホークスが身売りして本拠地を福岡に移し、福岡ダイエーホークス（現福岡ソフトバンクホークス）が誕生するなど予想もしなかった。ちなみに、その後私は、フリーアナウンサーとして活動し、90年にテレビ東京契約アナウンサーとなった。

私には、会社を辞めることで、仕事としての音楽は一区切り、という気持ちもあり、ぜひとも行っておきたい音楽イベントがあった。この年の夏の終わりにアスペクタと呼ばれる熊本の阿蘇の麓で開催されることになっていた野外フェスのはしりといってもいい「BEATCHILD」である。終夜ぶっとおし、全部で12のアーティストが集まって行なわれる壮大なコンサートで、3年ほど前に記録映画として上映されているので、ご存じの方もいるだろう。

「BEATCHILD」は土砂降りの中、強行されたので印象深い。まさに全員ずぶぬれ、泥だらけで朝までひたすら音楽を聴き続けた。主だった出演アーティストを挙げると、ブルー・ハーツ、岡村靖幸、レッド・ウォリアーズ、白井貴子、ストリート・スライダーズ、渡辺美里、尾崎豊、BOØWY、ハウンド・ドッグ、そしてトリの佐野元春。彼らは恐ろしく交通の便が悪い阿蘇の麓に、しかも最悪の天候の夜に集結したのだ。

雨がほとんど上がり、辺りが薄明るくなってくる中、最後に佐野元春が登場し「ストレンジ・ディズ」を歌い始めたときの不思議な高揚感は忘れられない。それまで興味のなかった佐野元春が急に好きになったりもした。

この年の暮れ、〝邦楽シーンの今年1年を振り返る〟というような番組で、誰だったかは忘れたが「今年、BEATCHILDに行ったか行かなかったかで、どれだけ音楽を愛しているかどうかがわかる」といった類のことを力説していた人がいた。それほどか？という気がしないではないが、あそこにいた人にしか味わえなかったであろう〝同族感〟はあったかもしれない。

しかし、「BEATCHILD」の主催者はリサーチ不足だった。この時期、阿蘇の麓は荒天になることが多いというデータがあったそうだ。大赤字にもなり、「BEATCHILD」は2度と開催されなかった。

▼レコードからCDへ

なぜ、私の話をしたかといえば、ちょうどTM NETWORKが売れ出した頃と、私が音楽と少し距離を置き始める時期が偶然にも一致しているからだ。
売れてきたTM NETWORKの新譜をレコード会社の宣伝マンがサンプル盤として机の上に置いていったのは覚えている。他のアーティスト同様、徐々に、それがレコードからCDに代わり始めていたことも。

そう、2年後、元号が昭和から平成に替わるこの時期、オーディオ機器のアナログからデジタル化が進む。今思えば小室サウンドはオーディオ機器のデジタル化と切り離しては考えられない。本人は否定するかもしれないが、小室哲哉はデジタル化の申し子でもあったのではないか。

福岡には「マリア　クラブ」という新しいディスコがオープンし、それだけでも話題になった。それに合わせてTM　NETWORKは「Maria　Club」という曲を作り、ディスコ「マリアクラブ」のオープニングアクトを務めるためにやってきて、福岡では大変な盛り上がりになった。そして、そのディスコに面した通りはマリアクラブ通りと名付けられたのだ。

でも、私には「ふうん。そうなんだ」だったのである。

だから、その後のTM　NETWORKと小室ファミリーの進撃については、それまでが濃密に音楽と関わっていただけに、その反動だったのか、どこか遠くから眺めているような感じになった。

▼87年日本シリーズ、西武・辻発彦の走塁

87年の11月、もうひとつ記憶に残るできごとがあった。それは私の次の年には仕事上の主戦場となるプロ野球でのことだった。

87年11月1日、西武対巨人の日本シリーズ第6戦、前に紹介したわれらが同級生ライオンズの**辻発彦**は、8回2死からヒットで出塁した。続く秋山のセンター前ヒットで一塁から一気に生還したプ

レーは今も語り継がれている。センターのクロマティの緩慢な動きを読んだ伊原春樹三塁ベースコーチと辻発彦との見事な連携だった。こうして西武はこの試合に勝って日本一に輝く。間違いなく80年代から90年代にかけて球界の中心は西武であることを印象付けた日本一だったといっていい。

辻発彦のセカンドとしてのプレーは人工芝時代になった近代の野球においてはおそらく歴代ナンバーワンであろう。右打ちの芸術的なバッティングは93年パ・リーグの首位打者をもたらしている。

▼88年10月19日「川崎劇場」

もう少し野球の話を続けよう。翌年、パ・リーグは打倒西武で、各チームしのぎを削っていた。そして近鉄が西武に肉薄しつつも、ついに僅差で夢破れることになった**通称「川崎劇場」**のダブルヘッダーでは、われらが同級生もキーマンとなっている。

この日のダブルヘッダーは近鉄がロッテに連勝した場合のみ近鉄が勝率で西武を上回り逆転優勝するというものだった。

第1試合、初回に2点を先制された近鉄は5回表に1点を返すが、7回にロッテは1点追加、8回表、代打村上隆行（後に嵩幸と改名）の2点タイムリーで追いつき、9回表2死二塁から梨田昌孝の勝ち越しタイムリーで4―3と際どく逆転。最後は、2日前に完投して128球を投げている阿波野秀幸をリリーフで登板させ、2死満塁のピンチにまでなるが抑え、近鉄が勝った。ダブルヘッダーの第1試合は延長なしという規定だったから、まさに薄氷を踏む勝利だった。

同級生が目立つのは、視聴率39％を記録（関東地区）したといわれる第2試合である。第2試合も先制したのはロッテだった。近鉄にとって苦しい展開のまま試合は進む。詳細は省くが、3―3の同点で迎えた8回表、近鉄はブライアントのソロホームランで4―3と勝ち越す。

ここで、近鉄は阿波野を第1試合に続いて登板させた。あと2イニングを守り切れば近鉄の優勝だ。ところが8回裏2死、われわれの同級生ロッテ**高沢秀昭**が会心の当たりをレフトスタンドに放った。4―4。この年、高沢秀昭はパ・リーグの首位打者である。近鉄の夢を打ち砕く一撃だったといってよい。その後は阿波野が踏ん張って、ロッテに勝ち越しを許さなかったのでまだ決着はつかない。9回表、近鉄の攻撃が無得点に終わったとき、試合時間は3時間30分を過ぎていた。この時代、通常の試合（ダブルヘッダーの第1試合でない試合）は、延長に入った場合、最大12回まで、ただし試合時間が4時間を過ぎてから新しいイニングに入らないという規定になっていた。こうなると近鉄は早く9回裏のロッテの攻撃を終わらせ、延長10回、状況によっては11回にもつれこんでもいいくらいの気持ちだったのだが、そうはいかなかった。9回裏、ロッテは無死一、二塁とサヨナラのチャンスをつかむ。ここで阿波野が二塁けん制。ベースカバーに入ったわれわれの同級生**大石第二朗**（このときは大二郎から改名していた）と帰塁した古川慎一が交錯した。判定はアウトだったが、このプレーに対し、ロッテ有藤道世監督が「走塁妨害ではないか！」と猛烈に抗議。早く試合を進めたい近鉄の仰木彬監督、中西太コーチは、いらだちを隠せず、特に中西コーチは、執拗な有藤監督に対して怒りをあらわにして三塁側の近鉄ダッグアウトから出てきて、一時はかなり険悪なムードになった。結局、有藤監督の抗議は認められず試合は再開されるが、この中断の9分間が「勝ちたい」近鉄に与えた精神的ダメージはかなり大きかったといえよう。これで、事実上延長は10回が時間的にほぼ限界になってしまったからだ。お断りしておくが、大石第二朗は阿波野のけん制球が投げられたところに行ってボールをキャッチし、タッチしたらそれが古川と交錯することになっただけなので、無論、この9分間に大石第二朗の罪はない。というより、このけん制死がなかったら、延長に入ったかどうかもわからない。つまりロッテがサヨナラ勝ちしたかもしれないから、大変貴重なけん制球だったともいえるのだ。阿波野は踏ん張り切り、0点に抑え、延長戦に入る。

10回表、近鉄は先頭打者のブライアントがエラーで出塁する（代走安達俊也）が後続なく無得点。このとき、試合開始から3時間57分が経過しており、もはや近鉄の勝ちはなくなった。試合はこのまま4―4で引き分け、西武の優勝になったのである。

ということで、「川崎劇場」第2試合の主要キャストのうち、2人がわれわれの同級生なのだ。覚えておこう！

この試合の取材をしていた私は、9回裏、中西コーチが声を荒げ、興奮していたとき、隣にいたある関西の記者が「ふとっさん（中西太コーチ）、あかんで、こらえてや、ふとっさん」と何度も繰り返していたのが忘れられない。

ところで、この日は阪急が身売りを発表、翌日のあるスポーツ紙（関東版）の1面は「川崎劇場」ではなく、阪急の身売りだった。先日、古新聞をチェックしてこの事実を知り、ふ〜ん、と思ったが皆さんはどうだろう。▼【補注】ラジオの中継では「阪急身売り」を伝えていて、何たる日、と思ったことを覚えている。しかし、「ニューステーション」をぶち抜いて試合を放送していたことを翌日知り、もっとショックだった。

▼日本からメジャーに復帰して成功した同級生

異例の同級生も挙げておきたい。巨人で88、89年の2シーズンプレーした**ビル・ガリクソン**（59年2月生まれ）は来日した投手としてはたぶん、MLB実績という点で歴代最高レベルである。来日前年、MLBで14勝を挙げているし、巨人でも88年には14完投（リーグ最多）で14勝と活躍した。翌年は7勝で再度MLBに戻るのだが、巨人での2年間は糖尿病と戦いながら、つまりインスリンを投与しながらの投球であった。さらに驚くべきは91年にデトロイト・タイガースで20勝を挙げ、アメリカン・リーグ最多勝投手に輝いていることだ（生涯唯一のタイトル）。日本で学んだ投球術が逆に活かされたという解釈は十分に成り立つ。94年の引退までMLB通算164勝、防御率3・93という堂々たる成績を残している。

▼33球会

ところで、われわれの同級生プロ野球選手たちは1986（昭和61）年に「**33球会**」を旗上げしている。**原辰徳**、**大石大二郎**（**第二朗**）、**高木豊**、**宇野勝**らが中心になって呼びかけ、オフシーズンに年に1回集まって、大宴会とゴルフコンペで盛り上がろうというものだ。会則には「昭和33年4月2日〜昭和34年4月1日生まれでプロ野球界に所属するすべての人に参加資格があり、一度でも参加したら永久会員と認める」とある。当時、有資格者は40人を超えていて、毎年、その半分以上は参加したという。シーズン中は敵同士でもオフシーズンは、同級生として親睦を深めようという試みである。

「本当は、定期的に少年野球を指導したりすればもっと良かったかもしれない」とは、ある「33球会」メンバーのコメントだが、彼らのこうした動きを何となく誇らしく思ったものだ。なぜならプロ野球界でこのような横の結束はわれわれ同級生たちが初だからだ。後に、「昭和〇〇年会」なるものが次々に生まれたのは、同級生がパイオニアとなっていたからに他ならない。

1990年代半ば、引退する選手が次々に出て、いつの間にか「33球会」は休業状態になってしまったのが少々残念だが〝最初にやった〟事実は永遠だ。

前述したように、引退後、今もさまざまな形でプロ野球界に貢献している同級生はとても多いと感じる。皆、還暦後もまだまだがんばってほしいものだ。

▼プロ野球マンガのやくみつる

プロ野球・大相撲などのスポーツもの、時事ネタの4コマ・1コマを長く描きつづける**やくみつる**も、同級生である。81年、「はたやまはっち」名でデビューして、いまなお連載を続け、テレビにも出演しているから、その気力・体力には恐れ入る。最近は相撲専門家としてのコメントが多い気がするが、スキャンダルを含め、相撲のほうがプロ野球よりにぎやかという状況を反映しているのだろう。また近年は、クイズ番組に〝高偏差値芸人〟が多数登場しているが、そのなかでもやくみつる（早大卒）をよく見かける。スポーツ選手よりタフなのではないか。

タフということでいえば、**久本雅美**、**柴田理恵**のＷＡＨＡＨＡ本舗の同級生コンビには無類のタフネスを感じる。80年代半ばから活動しているＷＡＨＡＨＡ本舗には同じく同級生の**佐藤正宏**もいて、彼も地味に様々なところで活躍している。ＷＡＨＡＨＡ本舗が、あるいは久本雅美の知名度が一気に増すのは90年代以降だが、これはおそらく同級生女性陣の中で最も遅いブレイクである。お笑いがいかに大変な世界であるかがわかるが、久本雅美、柴田理恵には、とことん元気に走ってほしいものだ。

ついでになって恐縮だが、〝高偏差値〟クイズ番組に京大卒ということでしばしば登場する俳優の**辰巳琢郎**も同級生である。

▼80年代後半、世界レベルから離されていたスポーツ界

こうして野球界は熱気に包まれていたが、日本のスポーツ界全体ということでは、世界レベルから離されていくことを痛感する時代でもあった。

それは日本が80年のモスクワ・オリンピックを西側諸国の一国としてボイコットしたこととも深く関係している。この間の空白が選手強化に及ぼした影響は計り知れない。

東側諸国がボイコットした84年のロサンゼルス・オリンピックで日本は金メダルを10個獲得し、盛

り返したかのように思われたが、その内わけは、柔道、レスリング、体操といった伝統競技が中心で、それ以外では射撃で一つ獲っただけ。メイン競技である陸上と水泳はほとんど世界に通用せず、期待の男子マラソンも宋猛の4位が最高。この大会から正式種目になった女子マラソンは、日本も佐々木七恵と増田明美が出場はしたが世界レベルには程遠かった。水泳は高校1年生だった女子平泳ぎの長崎宏子以外勝負にならず、その長崎も入賞が精一杯だった。

東側諸国が参加して久々に東西両陣営すべての国が出場となった88年のソウル大会ではその傾向がさらに強まり、日本の金は4個に留まった。

そのうちの一つが現スポーツ庁長官の鈴木大地が獲得した水泳男子100m背泳ぎ、これは水泳（競泳）としては72年のミュンヘン大会以来だった。バサロ泳法距離延長という一世一代の大勝負に出て宿命のライバル・バーコフを破った決勝は、近代日本スポーツ界すべてのジャンルを通じての名レースといえるだろう。これが後にバサロ泳法の距離が制限されるきっかけにもなった。しかし、ロサンゼルス大会の長崎同様、このソウル大会では鈴木以外、世界と太刀打ちできるスイマーはおらず、日本水泳の低迷は続いていた。

あとはレスリングで2つ、もう1つは「本家日本金ゼロか?」といわれた柔道で最後に95kg超級（現100kg超級）の斉藤仁が獲ったもの。体操は池谷幸雄、西川大輔の高校生コンビの活躍が騒がれた程度で、長く世界の頂点にいた時代と比べれば大きく後退、さらに同じく栄華を誇ったバレーボールは男女ともに随分とたそがれてしまった。男子マラソンは中山竹通ががんばったがそれでも4位とメダルには届かなかった。

オリンピックは日本以外の世界トップ選手が競い合うのを観戦することだけが楽しいような感じになってしまっていた。日本スポーツの将来を思うと暗澹たる気持ちにさせられたことをよく覚えている。

世界を見渡せばメジャーな球技であるサッカーは日本ではプロ化が進まず、お隣韓国にほとんど勝てなかった。同級生の**原博実**や**木村和司**がいくら頑張ってもワールドカップにもオリンピックにも出場できない暗黒時代が続いていた。

ラグビーは80年代前半が新日鉄釜石の黄金期で、学生ラグビー人気も手伝い、国内では盛り上がるのだが、国際舞台では日本代表が83年にウェールズに遠征して大接戦の末24―29で敗れたのが目立つ程度で、87年の第1回ワールドカップでは全敗を喫する。それでも89年、スコットランドに勝ってようやく前途に光明を見出したような状態だった。

▼昭和の終わりに

昭和最後の話題は、もう一度**秋元康**に戻る。小室哲哉がブレイクしてきた頃、秋元康は「こんなこと、いつまでも続けていてはだめだ」と考えていた。そして、一切の仕事を辞め、ニューヨークに旅立つ。88年のことである。

ニューヨークから帰って作詞した曲が、美空ひばり最後のシングルであり不朽の名作でもある

「**川の流れのように**」である。生前の美空ひばりからこの詞について絶賛されたということで、それまでも、「セーラー服を脱がさないで」「なんてったってアイドル」「雨の西麻布」といった彼が作詞してヒットした曲は枚挙にいとまがないが、「川の流れのように」以降、秋元康は自身の肩書を「作詞家」にしたという。それは彼の矜持なのだと思う。

秋元康は、しかし、ここからしばらくの間、あまり表には出てこない。日本の音楽シーンのメインストリートを疾走するのは、さっきも述べたように**小室哲哉**である。

第5章
ほぼ90年代
1989（昭和64）年［31歳］～2000（平成12）年［42歳］

I　90年代の感覚

これまで何度か特異な年を挙げてきたが、89年から91年あたりまでの世界史的な変動は、教科書に載ると太字だらけになるような事項であふれている。

▼驚きの1989年

1月に**昭和天皇が崩御**、**平成**の幕が開いた。2月には手塚治虫が亡くなっている。4月は**消費税**の導入。6月、中国では**天安門事件**。人びとの民主化要求が戦車につぶされる様子をテレビが映し出していたが、そうした不自由さはそのままに、中国経済が圧倒的な飛躍を遂げることを想像していた人はどれだけいただろう。同じ月、美空ひばりの死去が伝えられ、昭和の終わりを実感した。7月、幼女連続殺人事件で「**オタク**」なる存在がクローズアップされる。サブカルは80年代から物凄い勢いで浸透していたといえる。11月、オウム真理教が坂本弁護士一家を殺害していたことが、後に発覚する。

そして11月の極めつけは、**ベルリンの壁崩壊**である。同月、チェコスロバキアでビロード革命、12月はルーマニアのチャウシェスク政権が崩壊する。

翌**90年、東西ドイツが統一、91年12月にソ連が崩壊**するのだが、その間の91年1月**湾岸戦争**が勃発している。

日本では90年10月に東証株価が下落、91年になると地価も暴落、バブル経済がついに崩壊した。これを機に「**失われた10年、20年**」などということがいわれ、「ジャパン・アズ・ナンバーワン」など夢のまた夢、文字通り〝泡〟だったことを実感することになる。

▼89～90年　日本の政界

この時期、日本の政界もあわただしい。竹下登内閣は89年4月の消費税導入と前年に発覚したリクルート事件における疑惑も浮上して一気に内閣支持率が低下、短命で終わる。替わって宇野宗佑が総理に就任した。就任直後に女性スキャンダルが報じられ、そのさなか参議院選挙が行なわれて自民党は歴史的大敗。宇野はその責任を取り、在任わずか69日で退陣した。

これにより参議院では野党が過半数の議席を獲得し、当時は野党第一党として元気があった社会党

委員長土井たか子の「山が動いた」は、かなりインパクトのある一言だった。マドンナブームと称されて女性議員が飛躍的に増えたのもこの頃だ。参議院は土井たか子を首班指名、自民党が過半数を占める衆議院は海部俊樹を首班指名、衆参両院協議会の意見は一致せず、最終的には衆議院の優越により、海部俊樹が総理に就任した。

海部俊樹は政治不信の高まる中、清新なイメージをという期待が自民党内にはあったようだが、海部は派閥としての基盤がなく、党内でどんどん反海部勢力がエネルギーを持ち始め、結局長期政権とはならなかった。

▼89年『どついたるねん』［補注］

その頃の映画を1本紹介したい。この人が出ているから、なんとなくこの映画は観るべきではないか、と思ってしまう役者がいる。もちろんすべてがアタリではないが、指標にはなる。亡くなってしまって残念だが原田芳雄はその筆頭、出ているのが多すぎるとはいえ石橋蓮司、岸部一徳が脇で出ているとチェックしたくなる。その次は佐藤浩市、豊川悦司、國村隼あたり。個人的な見解で恐縮だが、ニュアンスを汲み取っていただける人は少なくないと思っている。これらの人々と多く仕事をしているのが**阪本順治**。面子が面子だけに、てっきり年上だと思っていたら同級生だった。そのデビュー作が89年の**『どついたるねん』**なのである。

元ボクサー赤井英和のデビュー作でもある。赤井の自伝を原作とした大阪下町が舞台のボクシング映画。監督も主人公も出世作になった。この作品も麿赤児、相楽晴子ら脇が光っていたが、阪本順治は濃密な人間関係をユーモアをまじえて描いていく作品を多く撮っている。整形手術で顔を変え全国を逃亡、時効寸前に逮捕された事件があったが、この実話をベースにした主人公をわれらが同級生・**藤山直美**が熱演した**『顔』**（2000年）、原田芳雄の遺作となった**『大鹿村騒動記』**（2011年）など、派手ではないが佳作というべき作品を阪本順治はいまも生み出し続けている。

▼91年　湾岸戦争、ソ連崩壊、そして樋口可南子

91年11月の総裁選で勝利した宮澤喜一が次の総理である。海部でかなり若返っただけに新総理はえらく老けた人物だと思ったものだ。確かにかつては「ニュー・リーダー」と称された中の一人であったが宮澤は海部より11歳も年上で72歳になっていた。さらに付け加えれば、竹下、宇野より高齢だ。

あらためて91年である。前年のイラクのクウェート侵攻をきっかけにして1月には**湾岸戦争が勃発**、12月には**ソ連がついに崩壊**、世界史規模の出来事が続いた。湾岸戦争に対する対応をめぐって、われわれよりひとまわり上の世代で論争が起こっている。単純に「反戦」といえるのか云々と、全共闘世代の「戦後民主主義」に対するさまざまな屈折した思いが表出した、と考えることができる。われわれの世代の論戦への本格〝参戦〟は「オウム」以降となる。

この年、われわれの同級生が世間をアッと驚かせることをやってのけた。**樋口可南子**のいわゆるヘアヌード写真集『Water Fruit　**不測の事態**』（写真・篠山紀信）である。ヘアの〝解禁〟（黙認？）もさることながら、すべてモノトーンのタレント写真集というのも新鮮だった。それまでの売れなくなったから脱ぐといったヌードのイメージも払拭した。彼女はデビュー当時から大物感たっぷりだったが、この写真集で歴史を変えたと思っているのは私だけではあるまい。宮沢りえの写真集も続き、ヘアヌードブームに出版界は沸いた。

樋口可南子は『不測の事態』の前も後も多くの映画、ドラマでどんな役にも大胆に自然に対応している印象がある。ソフトバンクのCMでの白戸家のお母さん役もすっかりはまっている。「おとうさん」は犬ではなく、コピーライターの巨人・全共闘世代の糸井重里であることは有名だ。

91年、日本国内はバブルが崩壊していたはずなのだが、「ジュリアナ東京」開業、「ダンス甲子園」からダンスブームと、意外に元気のいい話題が残っていた。しかし、湾岸戦争をめぐってはアメリカからのプレッシャーも強かった。翌92年には**PKO協力法が成立**、**自衛隊の海外派遣**が可能となり、カンボジアに初の海外派遣となった。

▼90年代「渋谷系」小西康陽とドリカム

90年代のJ・POPといえば「渋谷系」という言葉が浮かぶ。その代表的なグループのひとつ、**ピチカート・ファイブ**の**小西康陽**はわれわれの同級生である。90年から組んだ3代目ボーカルの野宮真貴（一つ年下）との時代が表面的に最も華やかだったことは間違いない。個性の極み的ユニットだった野宮真貴・小西康陽のピチカート・ファイブは2001年まで続き、その後は解散して小西康陽は独特の感性を活かし、作詞、作曲、編曲、プロデュースなどありとあらゆるところでさまざまなミュージシャンの手助けをしている。その活動の領域は**小室哲哉**とは違った意味で驚嘆に値する。小西康陽はオタク系ミュージシャンという気もするが、垢ぬけたカッコよさも内包しているそのバランスがいい。カッコよさはいまも健在だ。

90年代のJ・POPといえば**ドリカム**（**DREAMS COME TRUE**）も圧倒的な人気を誇っている。2009年にはドリカムへのトリビュートアルバムも出ている。当初の編成である女性ボーカルに男性二人は「ドリカム編成」と呼ばれたほど。ボーカルの吉田美和とコンビを組み、ステージではベースとコーラスを担当するリーダーの**中村正人**はわれわれの同級生である。吉田のイメージが前面に出ているから中村正人が同級生だとは思わなかったが、ここにも時代をリードする人物がいる。いわゆる「還暦」とはとても思えない活躍ぶりである。

▼93年　一発大ヒットの「THE　虎舞竜」

いまなお、話題が途切れず活躍している**高橋ジョージ**も同級生だ。

ロックンロールバンド「TROUBLE」のリーダー、リードギター、リードボーカルとして82年にデビューしているが全く売れなかった。93年、ファンからの手紙をもとに作られた「**ロード**」が大ヒット、このとき、バンド名も「**THE　虎舞竜**」（ザ・とらぶりゅう）と改めて、一気にメジャーになる。「ロード」は後に全部で13章にも及ぶ作品になるし（2017年暮れ、14章目が完成している）、また96年には映画化もされ、高橋ジョージ自身も出演している。だが、「THE　虎舞竜」としては、その後目立ったヒットはなく、基本的に高橋ジョージ個人としての活躍になる。ドラマやコメンテーターとしての活動が主で、歌手としての活動は地味な印象だ。98年、当時16歳だった三船美佳との結婚には驚愕した（2016年離婚）。

良い血筋でいうと、作家、高見順を父に持つ**高見恭子**は典型だ。80年代の活躍が記憶に残る。マルチタレントと表現してもいいだろう。94年、元プロレスラーであり文部科学大臣の馳浩と結婚した。タレントとしての全盛期はド派手な印象もあるが、その言動からは感性の鋭さ、頭の良さも垣間見えていた。家系図をたどると、作家永井荷風の血を引いているし、狂言師野村萬斎も遠縁だ。そして、80年代から2000年代にかけて19冊もの著作がある。彼女はタレントのみならず、エッセイストでもあるというほうが妥当かもしれない。一女の母でもある。

▼93年　非自民細川内閣誕生

93年5月、宮澤内閣は自民党内の造反があって不信任決議案が可決されてしまい解散総選挙となる。われわれ世代が内閣不信任決議案が可決されたのを見るのは、80年の大平内閣のときについで2回目。身内の政治的な「裏切り」があってこうなるわけで、映画やドラマ以上の政治劇、また見たいものだと思っているのはだれだ?

選挙の結果、8月、日本新党の細川護熙を首班とする連立内閣が誕生した。細川も凄い血筋で、旧熊本藩主細川家第18代当主でもある。参議院議員から熊本県知事へ、後には日本新党を結成して、再度参議院議員を経て、衆議院議員となり総理就任にいたった。政治改革を全面に打ち出そうとして当時の内閣支持率はとても高かったのだが、何も改革されず、細川内閣も1年も持たなかった。そして誕生したのが羽田孜内閣だが、これまたわずか64日で終わる。もともと政界には門外漢の私だが、この頃の政治情勢は新党が次々に結党されては解散し、というようなことが繰り返されて、理解不能である。

94年、こうして次の総理になったのが村山富市。片山哲以来、47年ぶりの社会党首班の総理で自民、社会、さきがけの連立内閣だ。羽田より12歳、細川より14歳も年長、70歳だった。宮澤総理のときと同様、「また新総理はえらく年をとっているな」というのが実感だった。だが、長い眉毛以外の印象はない村山が総理となることで本来なら支持率が盛り返してもおかしくはない社会党が急激に求心力を失い、凋落していくのは皮肉だった。村山富市は安保も自衛隊も原発も肯定してしまったのだからこれはやむをえまい。

▼93年はJリーグの開幕、存在感ある4人の同級生

93年、日本初のサッカーのプロリーグ「Jリーグ」が開幕した。野球とはひと味もふた味も違ったプロスポーツの誕生を感じさせた。

Jリーグが、日本国内にもたらした強固な「フランチャイズ制」は革命と言っていいだろう。Jリーグのチームには必ず都市名が入る地域密着型であることが求められた。むろんメインスポンサーである企業を抜きにしてのチーム運営は難しいわけだが、企業色は抑えられ、都市名が前面に出ることによって、地元民のチームへの愛着がそれまで以上に生まれたのだ。「Jリーグ100年構想」は理想論かもしれないが、今後の日本スポーツのあるべき姿だと思う。Jリーグの発足がその後のすべ

ての団体球技に与えた影響は計り知れない。

その基礎をつくった中に、サッカー界のレジェンドのひとりともいうべき同級生**原博実**がいる。Jリーグでプレーすることなく引退してしまったので、選手としての知名度は一般には意外なほど低く、われわれ断層の世代共通と言ってもいい悲運を彼からは感じるが、実績は間違いなく同級生ナンバーワンである。国際Aマッチでも釜本邦茂、三浦知良、岡崎慎司に次ぐ通算4位の37点を挙げている。Jリーグ誕生時は浦和レッドダイヤモンズのコーチ、98年は同クラブの監督も務めている。その後もFC東京の監督、解説者、日本サッカー協会の役員などを歴任、日本のサッカーに長く貢献してきたし、これからも間違いなく貢献するであろう。

ストライカーとして原博実より長く活躍した同級生が**木村和司**だ。木村和司の国際Aマッチの通算得点は8位の26点。80年代、日本サッカー冬の時代を原博実とともに支えた。木村和司のその時代の顕著な活躍は85年に開催されたホームアンドアウエーで争われたワールドカップアジア最終予選だ。日本は韓国に勝てばワールドカップ出場を決めることができた。結果は初戦のホームで1―2、2戦目のアウエーも0―1で敗れ出場は叶わなかった。しかし、2戦を通じて日本唯一の得点が木村和司の今も語り継がれる初戦で決めた約40mのフリーキックによるものである。

木村和司は86年、プロサッカー選手登録制度第1号だ。つまり、国内における日本初のプロサッカー選手はわれわれの同級生なのである。これはJリーグが発足される前でのことで、アマ、ノンアマ、プロなどという表現が使われた過渡期の時代での出来事だ。木村和司は93年から始まったJリーグでも活躍した、たぶんただ一人の同級生。「ミスター・マリノス」などとも呼ばれたが、職人芸のフリーキックは皆で語り継がなければなるまい。

木村和司と明治大学で同期だったのが**佐々木則夫**である。選手として実績は原博実と木村和司の2人が際立っているといえそうだが、監督としての実績なら前女子日本代表監督である佐々木則夫がピカ一だ。何といっても2011年、**ワールドカップ優勝監督**であり、2012年**ロンドン・オリンピックでも銀メダル**を獲得したチームの監督だ。

異論はあるかもしれないが、同級生で佐々木則夫以上の実績を残した監督はいないと断言したい。そもそも団体球技で日本がオリンピック、ワールドカップ、世界選手権などで優勝したことがあるのは、女子サッカー以外では男女のバレーボールと女子ソフトボールだけだ（野球は、オリンピックの公開競技として1984年に優勝している。またIBAFワールドカップやWBCの優勝もあるが、対象外とした）。佐々木則夫はすごい男なのである。

優秀な指導者としてはこの人についても語らねばならないだろう。**山本昌邦**だ。92年からナショナルチームのコーチングスタッフの一員となり、ユース世代から指導者として活動を始め、オリンピック代表のコーチとしては96年アトランタ大会（マイアミの奇跡！）、2000年シドニー大会でその腕を振るい、2004年アテネ大会では監督を務めた。またワールドカップは2002年の日韓大会でトルシエ監督の下、代表チームのコーチを務め、日本の決勝トーナメント進出に貢献した。現在も解説者としてテレビに登場することが多い。

▼サッカーを支える芸術家・日比野克彦

日本サッカー協会の理事を務め（2018年現在は日本サッカー協会名誉役員参与）、スタジアムをスポーツとアートの交流の場とする「マッチフラッグプロジェクト」を行なっているのが、サッカーを愛する芸術家・**日比野克彦**である。彼もわが同級生である。

イラストレーター、画家、グラフィックデザイナー、造形作家等、日比野克彦にはどのような肩書がふさわしいのか。近年はアートプロジェクトのリーダーともいえるかもしれない。とにかく、現代、あるいは近未来を代表するいわゆる先端芸術を表現するトップランナーであることだけは間違いない。

私は、30代の頃、腕時計に少しばかり凝っていた時期があった。それを知った友人が腕時計をプレゼントしてくれたのだが、それが日比野克彦のデザインだった。私はこれが気に入り、壊れて動かなくなるまで使っていた。そのとき、「日比野克彦の名前は聞いたことがあったが、いいなあ」と思ったものだ。私はアートの分野についても疎く、これが、直接的に感じるほとんど唯一の日比野克彦なのだが、82年にダンボール作品で日本グラフィック展大賞を受賞し、それ以降、次々に既成概念を突き破った作品を世に送り出してきた。

なぜダンボールだったのかについては、

《これ日比野らしいねっていわれると、えっ、何が俺らしいの？って思ったり。そういったやりとりの中で少しずつ見えてくるものがあった。それまでこうしなきゃいけないっていう「型」があったんだよね。でも、そうじゃなくていいんだっていうのは、自分では気づかなくて、周囲から言われたのが大きいかな》（『現代アートの本当の学び方』２０１４年、フィルムアート社）と、この本の会田誠との──「答えがないアート」をどう学ぶか──という対談記事の中で語っている。

もちろん、彼はモノだけを作ったのではない。表現手段そのものが作品なのかもしれない。自由な発想で常に積極的に物事に取り組む、「美」とは何かを追い求め、想像と創造とでもいえばいいのか、還暦を過ぎても彼の未来には際限がないようにさえ感じられる。

▼90年代前半の作家たち［補注］

90年代前半となると、同級生作家たちの何人かがその動きを顕著にしてくる。

まず、**松浦理英子**。81年に『**セバスチャン**』を刊行、かなり早いデビューで85年には『**葬儀の日**』で文學界新人賞を受賞している。そして93年『**親指Pの修業時代**』で当たりをとった。右足の親指がペニスになってしまった女子大生・一実が主人公、という設定からわかるように全編セックスをめぐる作品なのだが、いわゆるポルノ小説ではない。あっけらかんとセクシュアリティを題材として描き、性表現を革新した作品といえよう。両性具有の異形の足の親指を持つ主人公、全盲のその恋人、性を見せものとする一座など、すべて障害者の生き方をめぐる小説として読むこともできるのではないか。

表現のイノベーターという意味では、のちに芥川賞を受賞することになる同級生・**藤沢周**が93年に作家デビューしている。94年には初の単行本『**死亡遊戯**』(河出書房新社)を刊行。新宿歌舞伎町を舞台に、ひりつく感覚を文章化。この感覚はいまもなんらかのかたちで、彼の作品に刻まれている。安易な物語などいらない、彼の小説の空間に巻き込まれるだけで文学的な面白さを味わうことができる。そうした作品を次々に発表し、98年、『**ブエノスアイレス午前零時**』(河出書房新社)で芥川賞を受賞した。この作品は森田剛主演で2014年に舞台化されたが、われらが同級生の**原田美枝子**も出演、幻想を生きる老女を妖しく・美しく演じていた。

藤沢周は受賞以降も、精力的な作家活動を続けている。2012年の『**武曲**(むこく)』(文藝春秋)は、素材としては剣道小説とでもいうべき作品だが、命の危険があるはずのない竹刀のやりとりなのに、真剣が飛び交っているような感覚をもたらすリアルさで、「新感覚派藤沢周」(評論家・陣野俊史氏の命名)の面目躍如たる作品だと思う。綾野剛主演で2017年に映画化されたが、こちらは綾野に力点を置きすぎ、小説ではダブル主人公であるはずのラップ高校生があまりに軽く流されていたのが残念だった。(藤沢周については、204頁のインタビューも参照してほしい)。

主にマンガ原作者として知られる同級生・**久住昌之**の『**孤独のグルメ**』(谷口ジロー作画)の連載が開始されるのが94年だ。久住昌之はマンガやエッセイも書き、音楽家でもあるのだが「散歩」家と呼びたい気がする。実際『**散歩もの**』(2006年、フリースタイル)というこれも谷口ジローとのコンビの作品を出している。そのなかで「主人公は、散歩を『意味無く歩くことの楽しみ』と考えている」

と述べ、散歩マンガを書くにあたっての「散歩の決めごと」として、①調べない、②道草を食う、③ダンドらないを挙げている。この散歩のコンセプトは『孤独のグルメ』にも貫徹されているようにみえる。『孤独の…』の主人公は輸入雑貨商の中年男だが、彼もいきあったりばったりに商用で訪れた街の店に入り、地味だけど凄い食事を堪能する。この作品はテレビ東京でドラマ化され人気を博した。韓国でも放映され、2018年9月、韓国で最も人気がある海外ドラマとして招待作品部門の賞を贈られている。

この散歩のスタイルは素敵だ。225頁でも紹介した**杉浦日向子**の「ソ連（ソバ好き連）」にも通じるところがある。『孤独の…』の新装版（扶桑社）には、川上弘美・谷口ジローとの鼎談がついている。川上弘美もいかにも散歩が好きそうな同世代の作家だが、昭和33年4月1日生まれのようなので、残念ながら同級生ではない。

Ⅱ　大変な時代

▼1995年の大変

95年1月、**阪神淡路大震災**が起き、われわれは今まで日本国内では見たこともないような地震の大災害を目の当たりにした。

そして、それからおよそ2カ月後、日本中を震撼させた**オウム真理教による地下鉄サリン事件**が起こる。

地下鉄サリン事件直後の95年4月、それまでテレビ東京の契約アナウンサーだった私は、社員となったので、この95年という年は個人的にも非常に印象深いが、間違いなく時代の結節点になった年だ。

村山内閣は、危機管理がなっていないと散々叩かれ、96年1月までで終わった。

▼同時代の論客たち　[補注]

ある日突然、世の中が一変してしまうこと――少し早めに始まったこの〝世紀末〟的風景に対して、われわれ世代は敏感に反応する。

72年の連合赤軍事件の基底に消費社会の進行をみた**大塚英志**は、一連のオウム事件を〈おたく〉的なものの破綻とみなし、**〈おたく〉の連合赤軍**、と呼んでいる。（大意、『「彼女たち」の連合赤軍』角川文庫92頁）。つまり、「連赤」あたりを境としてマルクス主義は急激に思想的な吸引力を失っていった。吉本vs埴谷「コム・デ・ギャルソン論争」でみたように知の相対化が進み、時代を統べるような「大文字の思想」は機能しなくなっていった。その空白を埋めたのがオカルトや、ニューアカ的な〈知〉、アニメやコミックがもたらした世界像といった「サブカルチャー」であり、そうした〈おたく〉文化が80年代を席捲した。オウムはそうした文化を背景に急成長し、そして自壊した。この頃、大塚英志が提示した図式はこんなところだと思う。

大塚英志は、こうした見取り図をつくるのが得意だ。去年2017年の『**日本がバカだから戦争に負けた**』（星海社）では、「オタク」的サブカルチャーは九〇年代の前半に一挙に時代の表層に登場し、全共闘的「セカイ系」（革命の妄想は「セカイ系」と同質ということ）は、オウム真理教を経て、ラノベ的「セカイ系」にいきつくとする。また、「保守思想」も分裂するという。いわゆる歴史教科書批判あたりから、それまでの保守の流れから切断された「オタク」的保守が生まれ、現在のネトウヨ的言説の枠組となったと述べ、現在にいたる流れを整理している。20年前も今も「サブカル」と「オタク」はポイントである。

当時新進気鋭の社会学者として登場してきた同級生・**大澤真幸**も「オウムは、少なくとも八〇年代末期以降の社会を席巻した思想やサブ・カルチャーのパロディである。…これを嘲笑するのはあまりにもたやすい」が、それではオウムが多くの信者を集め、テロをおこなった理由がわからないとし、精密な議論を重ねている。師匠である見田宗介が提示した戦後史の区分、「理想の時代」（戦後復興期）、「夢の時代」（高度成長期）、「虚構の時代」（70年初頭からの大衆消費社会）を参照しつつ、サブカルの実例もふんだんに盛り込みながら、虚構と現実が交差する「虚構の時代」を精読している（『虚構の時代の果て――オウムと世界最終戦争』1996年、ちくま新書、引用は「あとがき」より）。彼の最近の著書では、虚構の時代が終わりを迎えたとき、オウム真理教が出てきた、現実に対する虚構も成り立たない「不可能性の時代」になったといういい方をしている（『サブカルチャーの想像力は資本主義を超えるか』2018年、角川書店）。

ブルセラブームを分析するなど異色の社会学者で、やはり同級生である**宮台真司**も『**終わりなき日常を生きろ　オウム完全克服マニュアル**』（1995年、筑摩書房）という本を書いている。キーワードである「終わりなき日常」には多層的な意味が与えられていて、正直ひじょうに難解なのだが、「永久に輝きを失った世界」のなかで、「将来にわたって輝くことのありえない自分」を抱えている状態もきっとそういうことなのだろう。「終わらない日常」に適応しそこなった私たち世代（オウムの幹部も同世代）は、もはやありえない輝かしさを…「必ずやおとずれる未来の救済の日」に託さざるを得なかった、）と分析する。だから処方箋は、そういう状況に対して「そこそこ腐らずに『まったりなるだろうか。

と』生きていくこと。そういうふうに生きられる知恵をみつけること」（前掲文庫、173頁）ということに

宮台真司が、右の原型になった原稿を発表したのが**『宝島30』**（月刊誌、宝島社）である。名前のとおりわれわれ世代のオピニオン誌で、93年から96年まで存在した。現代思想からサブカルまでを扱い、それまでの教養のありかたを変え快進撃を続けていた『別冊宝島』から派生した雑誌だ。かつては皇室を扱った記事で右翼が会社に銃弾を撃ち込むという事件もあった。爆笑問題が連載をもっていたり、われわれと同級生である**大月隆寛**や**浅羽通明**もしばしば執筆し、岩波・朝日風でも、産経・文春風でもない、ユニークなポジションを保っていたと思う。オウム問題も積極的に取り上げていた。しかし、会社の思惑と違っていたのか、オウム騒動の後あっさりと休刊。そのときの編集長は、その後ビジネス書を多数書き大成功する。彼も同級生だと思うのだが、ウラがとれていない。

そうそう、オウムといえば、ジャーナリストの**江川紹子**だが、彼女もわれわれと同級生である。

▼80年代なかばから世紀末までのスポーツ

ところで、80年代後半から日本のスポーツは、世界との距離を感じる時代がやってきていた。

日本の夏季オリンピックの金メダルは、前述したように88年のソウル大会が4個、92年のバルセロナ大会、96年のアトランタ大会はともに3個、２０００年のシドニー大会も5個である。

われわれ同級生の活躍が期待されたのはせいぜいソウル大会までで、バルセロナ大会に至っては詳しく調べていないが、代表選手がいたとしてもかなり少ないだろう。また冬季は72年の札幌大会以降92年アルベールビル大会のスキーノルディック複合団体まで日本は金メダルを獲得できていない。その間、日本人メダリストも数えるほどで、同級生に代表選手はたぶんいただろうと思うが、メダリストは生まれなかった。

▼雌伏の時代

「今まで生きてきた中で一番幸せです」のインタビューコメントばかりが一人歩きした中学2年生岩崎恭子の水泳女子200m平泳ぎ優勝がすべてといってもいいのが**92年バルセロナ大会**だ。彼女はこの自身のコメントでその後、しばらく苦しめられてしまう。4年後の**アトランタ大会**では女子マラソンで銅メダルを獲得した有森裕子の「初めて自分で自分をほめたいと思います」が多くの皆さんの記憶に残るコメントだと思う。

だが、この2大会の頃、ほとんどすべての競技団体で日本はレベルダウンの一途をたどっていた。メダル量産競技の象徴であったレスリングと体操は、レスリングが2大会ともに銅1に留まり、体操にいたってはアトランタ大会でとうとうメダル0まで落ち込んでいる。がんばっていた日本選手には申し訳ない表現になってしまうが、アトランタ大会までで金メダル合計9個を獲った陸上のカール・ルイスに象徴されるように90年代は世界のスーパースターの活躍がオリンピックのみならず、世界選手権、ワールドカップなどを観戦する際の主な楽しみだった時代と言ってもいい。すでにバルセロナ大会の男子バスケットボールにアメリカがＮＢＡのドリームチームを出場させて優勝するなどオリンピックはプロ出場を容認するようにもなっていた。前述のカール・ルイスは陸上選手が一気にプロ化していく中心人物である。

１９６４年東京オリンピック以降、アマチュアスポーツ選手を支えてきた日本独特のシステムともいうべき企業アマ制度は今も日本スポーツを支えてはいるが、この時代に、それではもう太刀打ちできない状況が次々に表面化してきていた。その顕著な例が１９９５年の第3回ラグビーワールドカップにおける日本の屈辱的なニュージーランド戦での大敗（17－１４５）である。ラグビーは長くプロを認めていなかったのだが（ラグビーフットボールユニオン、世界にはラグビーリーグという古くからプロを認めているラグビーも存在している）、87年に第1回ワールドカップが開催されてから世界は急速にプロ容認に向かい始めていた。日本国内のラグビー関係者は、その流れをどこか違う世界での出来事でもあるかのようにとらえ、アマチュアリズムというスタンスを90年代に入っても崩さなかったことによって起こった悲劇である。それまでは世界での戦いはともかく日本国内では人気のあったラグビーがこれにより急激にマイナーな競技になっていく。次にラグビーが日本国内で大きな話題となるのは後述するが20年後だ。

逆に、長年低迷していたサッカーが93年にＪリーグを立ち上げて、人気が沸騰。この時代、日本で唯一といってもいい元気がある競技となって98年には悲願のワールドカップ初出場、２００２年には日韓共催のワールドカップ開催と日本にしっかりと根付くスポーツへと変貌を遂げる。

90年代、他にも健闘していた団体球技について記しておきたい。女子バスケットボールである。96年のアトランタ大会で7位なのだが、当時の世界の勢力図は優勝したアメリカがダントツの強さを誇っていて、2位から8位くらいまでは実力が拮抗していた。日本はそのアメリカから最も多く得点して敗れたチームであり、限りなく2位に近い7位だった。申し上げるまでもないが、出場した他の上位入賞国より平均身長で10㎝ほど低いという絶対的に不利な中での戦いだ。シュート成功率の高さは特筆されてしかるべきだろう。この日本女子バスケット史上最強チームかもしれない中から日本人WNBA第1号選手である萩原美樹子も生まれている。

それからこの頃、ひそかに実力をつけつつあったのが陸上の短距離であった。アトランタ大会の男子100mに出場した朝原宣治は2組16人で争われる準決勝に進出し、1組で4位と0・05秒差5位。惜しくも1936年ベルリン大会の吉岡隆徳以来の決勝進出を逃している。さらに、朝原より年齢では3つ上の伊東浩司も200mで日本人として初の準決勝に進出した。日本の短距離は、92年のバルセロナ大会の400mで8位に入賞した高野進が礎となって新時代の幕を開けていた。

こうして伊東、朝原の2人が軸となって日本短距離を引っ張り、後の開花へとつながっていく。

90年代、国内では大相撲の若貴ブームが沸き起こった。大相撲はこれ以降外国人力士が活躍するようになり、八百長問題やいろいろな不祥事が表面化したこともあるが、今は違う形での人気を得ている。一言で言わせていただければ「日本人ってやっぱりおすもうが好き」なのかもしれない。

▼異色の同級生2名

テニスは、21世紀の今、男女ともに世界の頂点を争えるレベルにあるが、この時代も松岡修造、伊達公子が、かなり肉薄した。そのテニスでは番外編の選手をここで一人紹介しておこう。

若い頃は審判に暴言を吐くことから、悪童と言われた**ジョン・マッケンロー**（アメリカ）が1959年2月生まれなので日本人的に年代を区切るとわれわれと同級生である。80年代、ビヨルン・ボルグ（スウェーデン）と死闘を繰り広げたジョン・マッケンローはどちらかというとそのイメージから悪役扱いされているが、純粋に世界の歴代テニスプレーヤーとして長く語り継がれるスター選手の一人であり、ウィンブルドン4回、全米オープン5回の優勝を誇っている。80年のウィンブルドン決勝でのボルグとの死闘には敗れたが、永遠に語り継がれる名勝負であり、翌年はリベンジを果たし、ボルグの6連覇を阻み、初優勝を飾っている。

もう一人、番外編ではない同級生もここで紹介しよう。

天才ジョッキー**田原成貴**である。彼は94年には通算1000勝、83、84年には2年連続年間最多勝、GI級は15勝、93年トウカイテイオーの有馬記念復活制覇で中山競馬場が揺れたときにもその手綱を握っていた。90年代の日本の競馬界にはオグリキャップやナリタブライアンなどのスターホースが続々と現れ、JRA（日本中央競馬界）は毎年、年間売り上げの新記録を更新する勢いであったが、田原成貴は、武豊が出現する前の関西の、というより日本のスタージョッキーと言ってもいい存在である。彼が引退した98年はもう武豊の時代といってよかったが、全盛期の騎乗技術は「天才」と称されるにふさわしいものであったし、端正なマスクから人気も非常に高かった。

だが田原成貴は、素行がお世辞にもよくはなかった。騎手から調教師転向後には、銃刀法違反、覚醒剤取締法違反で逮捕され、調教師免許も剝奪されている。今も競馬界で、田原成貴の名前を出すのがためらわれるようになっているのは残念でならない。

▼シドニー五輪

20世紀最後の冬季オリンピックが長野で開催されたのは今から20年前（1998年）だ。スキージャンプラージヒルの個人、団体2冠達成の船木和喜ら日本は冬季オリンピック史上最多の金メダル5個を獲得。大会は大いに盛り上がった。

そして20世紀最後の夏季オリンピックが2000年、シドニーで開催された。

私にとってシドニー大会はNHK、民放の合同実況アナウンサーチームであるジャパンコンソーシアム16人のうちの1人として深く関わったということもあり、大変思い出深い。前述したように、この大会で日本の金は5個、そのうち柔道が4個（井上康生、野村忠宏、瀧本誠、田村亮子）、もう一つが日本女子マラソン初となる高橋尚子である。

大会終了後に発売されたシドニー・オリンピック特集号と称される雑誌の表紙はすべて高橋尚子で、彼女は一気にスター選手となる。私は30㎞地点のリポーターを担当したので、大会終了後、ものすごい反響があった。だが、現地では、この大会は間違いなく「キャシー・フリーマンの大会」だった。

キャシー・フリーマンとは？

シドニー・オリンピックは「人種も肌の色も関係なく人類が憎み合うことなく戦おう」というような本来あるべき崇高なオリンピック精神とでもいうものを打ち出そうとしていた。オーストラリアの原住民であるアボリジニの血を引く数少ない代表選手である女子陸上短距離のキャシー・フリーマンがその象徴のような存在として扱われた大会だった。

キャシー・フリーマンは開会式の聖火最終ランナーを務め、まずはその重責に応え、得意の400mでは見事、金メダルを獲得した。その400mゴールのシーンは今も忘れられない。すべてのプレッシャーから身を守るかのように全身を宇宙服のようなコスチュームで包んで登場したキャシー・フリーマンは、まさに鼓膜が破れそうなほどの超大歓声の中、トップでフィニッシュラインを駆け抜けたのだ。

その瞬間のキャシー・フリーマンは例えようもなく美しかった。女性スポーツアスリートとはかくも美しいものなのか……、私は、我を忘れてキャシー・フリーマンに見とれてしまった。スポーツでこれほどの美しいシーンには、それまでも、その後も遭遇したことがない。

私は、女子マラソンのリポーター以外では、女子ソフトボールの全試合、ボクシングの決勝全試合、さらに陸上ミックスゾーンのインタビュアーを担当した。いい経験をさせていただいたと関係者の皆さんには心から感謝の気持ちで一杯である。

日本は金メダル5個のうち4個が柔道だったように、柔道以外は苦戦が続いていたが、水泳（競泳）では女子がリレーを含み銀2、銅2と久々に複数のメダルを獲得、体操はこの大会でもメダルゼロだったが、男子団体で4位に入賞、アトランタ大会では団体で入賞さえできないほどの低迷から復活しつつあった。陸上短距離は、しっかりと世界を見据えて戦えていたし、日本のスポーツは、個人種目においては新世代の台頭で全体的にどん底の90年代とは状況が変わってきていた。ただ、団体球技は相変わらずで、女子ソフトボールの強固なチームワークによる銀が目立った程度だった。

こうして19世紀の終わりから始まった近代オリンピック20世紀最後の大会は、無事に幕を閉じたのである。

▼90年代後半は小室哲哉の時代

さて、90年代なかばから2000年ぐらいまで、私はスポーツに注ぐエネルギーが大きかったこともあり、いわゆる巷ではやっている音楽とはかなり疎遠になってしまう。その時代がたぶん**小室哲哉**にとっての黄金時代なのだ。

彼の現在に至るまでの最大の功績は、小室ファミリーと呼ばれるミュージシャン、ダンサー、シンガーを次々に生み出したことであろう。90年代の小室ブームは、彼の音楽プロデューサーとしての手腕の凄さが発揮されたことに他ならない。そこから生まれた代表選手の一人、というより、歴史的にも語り継がれるシンガーであることは間違いない安室奈美恵が今年2018年に引退、小室哲哉も全く違う理由で引退を発表した。これは奇妙な偶然だ。

▼小室哲哉による分析

小室哲哉の言葉で妙に納得できてしまったのが、「70年代ロックのバンドがなぜ、最近になってまた受けるのか」という分析である。彼は、

《コンピューターゲーム１ｓｔジェネレーション以下の世代（74年以降に生まれた世代）は、幼少期からこの機械的で正確なテンポ感に親しんでいる。だから全く普通の人たちでも音楽を聴くとき無意識のうちに体内でチ・チ・チ・チとクリックが鳴っているはずだ。裏を返せば、クリックが希薄だった時代の音楽、例えば70年代のロックに驚き、新鮮に感じ、強く惹かれる若年層が出てくるのも、理に敵っている》（小室哲哉『罪と音楽』２００９年、幻冬舎）

と語る。クイーンはその代表的なバンドに位置付けられていると思われる。

ちょうど小室哲哉がすべてにおいて上昇カーブを描いていた90年代初頭、私は偶然、久々にクイーンの曲を耳にし「いやー、もうこんな曲は今の時代絶対流行らないな」と感じたことをとてもよく覚えている。しかし、小室哲哉曰く「コンピューターゲーム１ｓｔジェネレーション以下の世代」がちょうど成人するかその少し前あたりから、クイーンが日本で再び売れるようになる。ボーカルのフレディ・マーキュリーが91年に亡くなり、事実上クイーンが活動休止になって騒がれたことと、再度売れ出すタイミングとはあまり関連性がない。これを「いいものは、時代を超えて評価されるのさ」

とか「時代は巡るのだ」などと訳知り顔で安易に理由づけするのは簡単だが、小室哲哉の分析のほうが説得力がある。音に対する強いこだわりと音楽の進化をつぶさに見て、創作してきた経験、実績をバックボーンとしているからだ。

そのような高い分析力と音楽への深い造詣が、彼の著書『罪と音楽』には随所に散りばめられているのだが、アフタービートルズの同世代だなと感じさせる一節もある。

彼は「レット・イット・ビー」を名曲であると言い切り、中学の教科書にも載っていると賛辞を惜しまない。私も「レット・イット・ビー」は好きな曲だが、ビートルズエイジからそのような評価を聞くことは少ない。なぜならビートルズエイジにとってこの曲は、4人がそれぞれの才能を惜しみなく発揮していたビートルズ全盛期の曲ではないからだ。

「レット・イット・ビー」は、ビートルズが事実上解散したような状態の頃、ポール・マッカートニーが書いたもので、キーボードにはビリー・プレストンも加わっている。武道館公演に行ったようなビートルズエイジなら、「それなりに皆演奏してはいるが4人としてのまとまりはあまり感じられない」などといってこの曲を評価しないだろう。むしろビートルズが終わってしまう寂しさを感じさせる曲であり、素直に名曲とはいわないだろう。そもそも最後のアルバムとして『アビーロード』を評価する人は多いが、発売が最後になっただけの『レット・イット・ビー』というアルバムを評価する人は少ないのではないか。

だが小室哲哉は諸手を挙げて「レット・イット・ビー」を称えている。私と同様、「レット・イット・ビー」を名曲と言ってくれるところに、同世代としての妙な親近感を覚えるのだ。

とはいうものの、小室哲哉のターゲットはわれわれ世代ではなかった。われわれ同世代は彼の音楽的センスにどれだけついていけるだろう？ あれだけのセールスを記録したのだから、それは大衆に受けたということである。その大衆の多くは小室哲哉言うところの「コンピューターゲーム1ｓｔジェネレーション世代」なのだと思う。もちろん、ほかの世代もいるだろうし、私も「いい曲だなあ」と感じるものは少なくない。しかし、小室サウンドを一日中聞いていたらたぶん少々疲れてしまうだろう。われわれの無意識の体内では「チ・チ・チ・チとクリックが鳴って」いないからだ、と思われる。

▼われわれ世代の世紀末

そして時代は小室哲哉の音楽と一緒に世紀末へ向かっていく。だが、歌は世に連れ、世は歌に連れという構造はなくなっていた。

95年、Windows95の発売で、ＰＣが圧倒的に普及していった。ひょっとしてこのあたりから、**「われわれの世代」の一部は、時代の流れとのズレを感じ始めた**のではないか。

96年のテレビアニメ『新世紀エヴァンゲリオン』に、はまった同世代人も少なくなかっただろうが、「まったく興味なし」とする同世代人も多かったはずだ。ゲームの「たまごっち」「ポケットモンスター」、アニメの『もののけ姫』といったこの時期のサブカル系のヒット作に、われわれ世代は反応

する者／しない者に間違いなく分かれていた。

同世代感覚を形成しやすい音楽シーンも同様だ。99年、宇多田ヒカルが16歳でデビューしたが、藤圭子の娘がなんでそんなに受けるのか、ピンときていないオヤジ・オバハンは多かった。ましてやコギャルの仲間みたいな「モーニング娘。」（99年「LOVEマシーン」や00年にブレイクした浜崎あゆみを理解、共感していたわれわれ世代は少数派だったに違いない。ここに、サブカルがわかる／興味がない、という線を引くこともできる。

「われわれ」は、実は分断されていたのである。

ちなみに20世紀最後の年２０００年12月31日、われわれ同級生のうち昭和33年生まれは42歳、早生まれ組は41歳である。

［特別インタビュー］芥川賞作家の同級生・藤沢周氏に聞く

遡っていくことの意味

※藤沢周　１９５９年１月10日、新潟県生まれ。法政大学文学部卒業。書評紙編集者を経て、93年「ゾーンを左に曲がれ」で作家デビュー。98年「ブエノスアイレス午前零時」で第１１９回芥川賞受賞。185頁も参照。聞き手：言視舎編集部　杉山尚次

——藤沢さんが小説一本でいこうと決められたのは、ちょうどバブルがはじけた頃ですよね。

●藤沢　デビューが93年なんですね。はじけた頃です。

ぼくは、バブル以前にデビューした作家とそれ以後の人とでは、同年代の人でもタイプというか気質がたぶん違う、と思っていたんです。

バブル以前にデビューした人、たとえば山田詠美さんは、ちょっとアングラ色があって村上龍さんの後継というか、戦略的に快楽主義なところがあった。不穏な快楽を突き詰めながら、時代の空虚さを醸し出すみたいな感じがある。自分にもその傾向は多分にありましたが、わたしの方は救いのないデカダンスへ流れる。バブル期の作家は、果てしなき蕩尽へ。同じ「１ＤＫ」の部屋にこもる主人公を描くにしても、彼らが六本木なら、自分は新宿歌舞伎町。彼らがＬＳＤなら、自分たちはテロルと殺人の計画を練っている。実存であるとか、「生き死に」であるとか、作家だからどちらも根底には抱え込んでいるのだと思いますが、バブル以前とバブル期の表現者はあえてそこから遠く離れて、時

代の表層を過剰に膨らませた作家が多いのかなという気はしていたんですよ。

ところがバブルが崩壊した頃、ちょうどわれわれ世代は、ポストモダンの洗礼を受けたわけじゃないですか。ポストモダンは、もちろん「近代の大文字」であるイデオロギーを壊すという意味では、価値のある思想ではあったんだけど、逆に言うと、すごく価値の差異化が進んで、ディファレンスが過剰に氾濫し、液状化していた感じ。どんどん細かくなって、「低き」に流れるのではなくて、「深き」に流れる。「易き」にではなくて、「難き」に流れる。個々それぞれ自分の領分に入っていく、そういうことでもあった。「オタク」とか「サブカル」とかいうのは、そういうことのあらわれだったと思うんです。

同時に決定的だったのは、ポストモダンというのは「エクソダス」だったということではないか。つまり「出る」っていうか、様々な文脈から脱出するというか、歴史と切断する、歴史と切断しようみたいな状態。で、切断したところで、何も信じられないいし、何を信じてもいい、自分だけしか信じられないし、自分さえ信じられないみたいな、すごく不安定なところにいた。

その時に、差異化され、流動化されていた価値観が、「傾斜」によって誘われていったのが、たとえばオウム真理教。あるいは反知性主義の兆しの状態だとか、ネオナショナリズムとか、そういうところだったと思うんです。人間って何も信じられなくなって、頼るものや柱というか基準軸がないと弱いですよね、そこで極右とか宗教とかに行ってしまうことがある。

そういう状況のなかで、自分の場合は、なんでもあり、でもなにものもないという地平に、鍵括弧付きの「文学」は、世界に対して表現として成立するのだろうか、とかなり悩みました。「作家」とか「文学」というところから表現するのではなくて、「文学」とはまったく無縁の、たとえばストリートから、路上から表現しようと思った。

たぶん日本の純文学の中ではかなり奇異だったと思うんですが、ストリート、しかも歌舞伎町を舞台に、全く違う世界の地図、欲望の地図を提示してみたいと思ったんです。それが『**死亡遊戯**』という作品です。元々のタイトルは「青の中の黒——新宿バージョン」。「文藝」（河出書房新社）掲載時は、「**ゾーンを左に曲がれ**」に改題しています。その後、鍵括弧付き「文学」とは距離を取った作家たちが出てきて、「文藝」がその動きに「J文学」というネーミングをしたんですね。

▼東京でサイバーパンクする

●**藤沢**　そして、究極的なことが起こった。95年の阪神淡路大震災です。資本主義という錯覚、現代という錯覚を、自然の猛威がいとも簡単に暴いた。今まで築き上げてきたものが全部崩れるんだ、こんなにもろいんだということを思い知らされた。そして、オウム真理教による地下鉄サリン事件が起こる。あれで、バブルではじけた資本主義の詐欺みたいなものを殲滅しろ、資本主義は悪だ、ポアしろみたいな思考のかたちが噴出した。そういうことは村上龍さんが『コインロッカー・ベイビーズ』で、予言していた部分もあるし、もっと前へ遡れば、高橋和巳さんの『邪宗門』にもあったと思うんです。それらから学べばよかったのだろうけど、やっぱりもう「切断」されていたんで、オウムみたいなものに流されちゃった、と思うんですね。その時は、究極的にこの世の中ってなんなんだみたいな感じでした、まさに世紀末でしたね。

自分は罰当たりにも、その世紀末の感触を書きたいと思っていたわけです。今まで見ていた近代か現代と言われていた風景と全然違う景色を、同じ景色の中から発見していくことによって、生きている人間の様を書きたかったんです。そのときに、インスピレーションを与えてくれたのが、たとえば、ウィリアム・ギブスン、サイバーパンクです。

サイバーパンクは、いままで築き上げてきた歴史の根を切断したり、接木したり、あるいは、はびこる菌糸となって、近未来において自分らが別種の人類になるというか、サバイバルすることを探る。何層にも深まる電脳空間を想像したり、災害後にサンフランシスコの橋の裏側に繭状の家を作ってスラム化したり、そういう新しい風景を提示してくれたんですよ。おそらく、そのイメージは日本の作家のみならず、音楽、美術にも影響を与えたと思うんです。まあ、共時的でもあったわけですが。

だからそのサイバーパンクで影響を受けた作家達もいれば、いやそうじゃない、もう一度、人間とは何かを実直に根本から考えようと、古いほうに回帰する人もいて、いくつかに分かれました。

――直截的にサイバーパンクの肌触りとか感覚みたいなものを、もってこようとしたわけですね、コピーじゃなくて。

●**藤沢**　コピーじゃないです。それはもう日本の都市でなければならなかった。爛熟、頽廃、スラム、超高層ビル、下町、犯罪、ネット、炊き出し……混沌とした欲望の、入り乱れる周波数をキャッチしたかったんです。大文字のイデオロギーなるものを、ポストモダンで、ぼくらは無謀にも壊そうと思っていたんですね。だからイデオロギーと対極のところで勝負していく作家が多かったという気はします。もちろん中には、それすらもあえて意識せずにか、反発してか、「小説」を演じる、という作家もいたとは思いますが。

自分が作家としてデビューしようとしたきっかけというのも、バブルがはじけ、時代や経済への不信感を募らせ、価値とは何かとか、いろんなことを悩み、迷っていたときに、文芸誌に自分と同年代に近い作家が近代小説みたいなのを書いていて、びっくりしたからなんです。これはないだろう、「小説」を壊さなきゃと思って、『死亡遊戯』『ゾーンを左に曲がれ』を書いてデビューしたんです。今、考えれば、その作家たちのあり方も分かりますが、あの頃はね。

——物語に流れないということは、意図的にやってらしたんでしょ。

●**藤沢**　狭義の意味での物語がメインの小説って近代文学の俗の部分だと思っていましたし……。不遜ですよねえ。でもあの頃は、物語というか、ストーリーがあると吐きそうなくらい嫌だった（笑）。予定調和に対する忌避感みたいなのがすごく強くて。おそらくバブル以前とか、オウム以前には、まだ物語が信じられていました。それがゆらいできた頃ですから、自分の中でも物語なんてないんだ、断片を放り込んでいって書いたほうがリアルなんじゃないか、と思ってやってましたね。

▼サブカルの領域について

――藤沢さんは、全共闘世代にはない思想や手法でもってデビューしたわけですが、その一方でその頃、同世代から下の世代では、サブカルの力がものすごく上がってきていたともいえますね。ぼくらの同級生は、そのサブカル批評を精力的にやっています。

●藤沢　大塚英志さんからはじまって宮台真司さん、中森明夫さんたちの活躍ですね。彼らの手法と嗜好、というか嗜癖には、驚きとともに、奇妙な敬意のような共感がありました。つまり、全共闘世代はイデオロギーみたいな文脈が強いけれど、彼らはそうではなく、時代や社会の細部、いびつでも偏狭でもいいんですが、その細部をとことん突き詰めることによって、時代をつかもうとしていた。その強度と熱量。彼らがいなかったら、おそらくアニメとかマンガの凄さはなかなか抽出できなかった。文化史的にも大きいですよね。

――全然影響は受けていない?

●藤沢　作家デビュー前、書評紙の編集をやっていたから、サブカルが出たなというときに、大塚英志氏と稲増龍夫氏に対談をやってもらったことがあります。サブカルのアプローチは、サイバーパンク的なところもあって、コンピュータでいうとバグみたいな、手に負えないウイルスみたいなね、そういうところで、いままで構築されたものを壊していこうという、脱構築みたいなところがあって、面白いなと思っていたんですよ。

――でも自分の表現手法の中に取り入れようとは思わなかった？

●**藤沢**　それはなかったかな。自分にそういうセンスと嗜癖がなかったこともあるけど、種族が違うっていうか、世界への対峙の体型が違うっていうか。文化系と体育会系みたいな違いというと変ですけどね。

▼自分の足元の怖さ

――そういうふうにして、地歩を固められたと思うんですけれど、物語拒否みたいなのは、いまもありますか？

●**藤沢**　いまはだいぶなくなってきましたね。自分の文学の中の話ですけれど、ああ、そうか、人間っていうのはやっぱり物語が必要なのか、とも思うようになって。ここ二〜三年くらいからなんです。要するに、歳を取ったということか（笑）。自分の元々やっていたことはずっと引きずってはいる。でも、「回路を開かないと、読んでくれないしな」とかになっちゃうわけですよ。

――そういうのは、具体的にあったんですか？

●**藤沢**　理解されないのかな、ひょっとして、と思って。つまり、自分の小説は究極、「言語以前」を求めてますから、読者によっては、「これ、詩じゃん」とか、そういうふうに解釈する人もいるんですよ。散文、小説ってもっと自由なものだから、遊んでもいいのか、と開き直るようになりましたね。この、開き直る、というのは、自分にとっては大きなことなんですけどね。ようやく、人間なるものに気づいたっていうんですかね。それまで「人間」から離れようとして、書いていましたから。

――その「人間」から離れようとしたのは、90年代はずっとそうだったんですか？

●藤沢　95〜96年くらいまでかな。ある時、ふっと立ち止まったんですよ。ちょうど30代の後半だったんです。「俺、こんなこと書いてるけど、何やってるんだろう」って。停滞というか立ち止まった時期があった。それまではウイルス的に、バグ的に、あるいは、特殊なキャラクターで狭い入口から全然違う角度で世界に入り込んで、侵食していって、風景を変えてやろうと思っていたけれど、その戦略による表現以前に、もっと怖いことに気づいた。要するに、自分は世界のエッジの上に立っている、と。自分の足元の怖さですね。これはやはり年齢かもしれませんね。

　現実に生きていて、普通に生きているように思っても、山の稜線を歩いているような感じで、「一歩間違えれば、俺、落ちてるんだわ」、みたいなこと。日常というのは、偶然にも何も起きない「未遂の状態」であることに気づいて。それから、自分が苦手な近代の先輩作家たちが、「作家は日常を書かなきゃだめだよ」みたいなことをいうわけですが、その意味がようやくわかったわけです。違う解釈かもしれませんけど。

――具体的に作品としてはどのあたりですか？

●藤沢　それは「原風景」を書いてから。**『奇蹟のようなこと』**（２０００年、幻冬舎）とか**「海で何をしていた？」**（１９９７年、『陽炎の。』所収）とか。あのへんなんですね。これらはもともと書く気はなかったんです。同じ故郷で、同じ内野町の小中学校を出た幻冬舎の名編集者・石原さんが、「海で何をしていた?」を読んでくれていて、「内野、書きましょうよ、故郷」と言ってくれたのです。最初は「なに言ってんの、村上龍を担当してる人間が、なに原風景とか言ってんだよ」って返したら、「いや、原風景って大事ですよ」と。「これを書いたら、何でも書けるようになりますよ」なんて言うわけですよ。やっぱ、編集者というのは凄いわな。「原風景」なんて、本当に近代文学を象徴するタームだし、一番忌避していたものです。でも、なにかひっかかるものがあって、ちょうど自分の足元に対して疑問を持っていた頃なので、「じゃあ一回やってみようかな」と思ったんです。

そうしたら、気が狂いそうになった。それを書くためには、どういうふうな姿勢が大事かというと、正直に正確に書くしかないんですよ。それが一番難しいということがわかった。それから変わったといえば変わったのかな。原風景というのを持ち込んだことによって。

▼遡る作業

●**藤沢**　どういうことかというと、自分が昭和34年に生まれて（注：藤沢氏は早生まれ）、高度経済成長をちらっと経験して、大人になって、バブルも終わってみたいな感じで、どんどん仮面をつけるというか、「演じる」というか、そういう時代を経てきた。原風景を探るという作業は、「演じる」前まで、その根本まで行きます。ということは、自分の中で、わずか40年間ですが、40年の歴史を遡ったわけですよ。

この作業をやっているうちに思うようになったのが、はるか昔、昭和の初めとか、大正明治や江戸時代でもいい、そういう時代を意識的にも無意識的にも踏まえながら、現在を書かないといけない、ということ。「作家は時代・社会の神経である」という開高健の言葉は然りなのですが、いま、ぼくらがこうしている歴史的実在感というか、それをつかんでおかないとだめだなと思ったんです。

たとえば、ＦＩＦＡのワールドカップ。日本のサポーターたちが、「おー、ニッポンー、ニッポンー」と応援する。自分ももちろん応援していたにもかかわらず、その熱狂のあり方に対して違和感があったんです。むしろ、自分の中にあるそれに対する違和感かも知れないけど。日本チームが勝ったからと、渋谷スクランブルでお祭り騒ぎ。君が代問題も、アメリカの地位協定の問題も横たわっているのに、こういう時だけ愛国心プッシュか、みたいな。もちろん純粋に選手たちを応援している声だと思います。ただ、違和感はある。国はその声を「シメシメ」と聞いている。大衆を操作するのは簡単だ、と。いままでどういうところで生きて、どういう時代を生きてきてというのがあって、いま現在がある。それを切断して、その場だけで「日本が大好きです」とか「愛国です」とか、それはおかしいだろうという違和感だったんですね、おそらく。

――自分の原風景を通すことによって、さらに向こう側にある歴史的存在に気づかざるをえなくなったということですね。そのあたりの作品で、新潟弁が出てきたのが印象的だったんですが。

●藤沢　ローカル性を出そうという意味ではありません。時代や社会や権力やメディアに操作された大衆の一人ではなく、もっと個的な源泉に流れているもの。ギリシャ哲学の田中美知太郎が言う「言葉は必ず過去からやってくる」に近いでしょうか。今書いているというのは、何処から来ているのか。今ここにある自分とは何か、みたいなことを考える。若い頃はそれを独創なんて思っていましたが、甘いですよね。

作品にもよりますが、「書く、とは何か」というメタ・モチーフのある作品のキャラクターとなると、やっぱり新潟が出てくることが多い。

芥川賞の『ブエノスアイレス午前零時』（1998年、河出書房新社）も、最初は奥日光を舞台にしようと思っていたんですよ。でも、雪の降り方をイメージしたとき、どう考えても奥日光で降っている雪じゃないんです。主人公の横顔の後ろを、バーッと斜めに降りしきる雪。これはやっぱり新潟なんだわ、と。その主人公にしても、寂びれたホテルで温泉卵をゆでている男なのだけど、「書くとは何か」の作者性が影になっている。自分をもう一回顧みる作業として、イメージが出てきたんだなと思って書いたんですよ。

▼根源的な「人間」

●**藤沢**　バブルの後にオウムがあって、次に強烈なリーマンショックがあったじゃないですか。そういうとき、未来というのは予測できないものなんだって思うわけです。なんで破綻したのか、じゃあこれからどういうふうに生きていこうか、どういう世界が開けるだろうと考えるためには、当然現在がわからなきゃいけない。現在がわかるためには、過去を見ないとわからない。でも、切断されている。じゃあ、どうするか。そのとき一番便利で、基準点になるのが、数式とか確率、統計による予測ですよね。それでもって今度は現代的な錬金術が生まれて、それが破綻したってことだと思うんですよ。人間世界で、純粋な物理現象は存在しないのにもかかわらず、数式化して安心する。

西部邁先生が同じようなことをどこかで書いていて、あっと思った。ぼくは西部先生と思想的に合わない部分も多かったけど、その思想の深さ、厖大さには圧倒されていました。幸運にも座談会とか対談とかやらせていただいたんです。彼は元々経済学の人だけど、やっぱり数式とか確率というのはこわいものだと。それは有効かつ便利な部分もあるんだけど、数式化することによって、人間性を破壊していく作業をやるんで、こんなおそろしいことはないって、おっしゃっていました。そこの人間世界の矛盾みたいなものを書くためにも、文学はあるべきだと。

——わざと〝揚げ足取り〟的に伺います。藤沢さんの当初のモチベーションには、ある種の「人間」を否定するところ、ヒューマニズムの拒否があったと思うんです。で、サイバーパンクとか、電脳空間とか、まったく人間の匂いのしないものに惹かれるところがあった。しかし、そのさらに向こうに「人間性」みたいなものを発見されたとおっしゃったと思うんですね。そうすると、最初に拒否した「人間性」と、発見した「人間性」は違いますよね。単純な回帰、ヒューマニズム回帰じゃないでしょ？

●**藤沢**　違う。

——誤解されるといけないのは、きっとそういうことだと思うんです。たとえば民主主義でもなんでも、議論していると回帰に見えてしまうことがあります。藤沢さんがいまおっしゃった「人間」は、単純な人間主義ではないと思うんです。そのへんのところ、注釈をいただけますか？

●藤沢　「ヒューマニズム」っていう言葉が出てきましたが、これは近代の発明ですよね。「人間」という概念を創り出して安心している教条主義的な流れの末に、今の「人間」ははたしてあるのだろうかという疑問がある。近代は手強いですけれども、これはひょっとしたら虚妄の一つのルートではないか。もっと他の歴史があったのではないか。他の「人間」が生まれていたのではないか。

『武蔵無常』（２０１６年、河出書房新社）を書いたときは、時代小説としての宮本武蔵を書こうなんて、さらさら思ってなかったんですよ。そうではなくて、今現在生きるうえで、どう武蔵が蘇るのか、というところで、虚構として新しい「人間」である武蔵を立ち上げて、ということをやったんです。その根本のところに出てきたのが、仏教でいう無であるとか、無常観に近いものになったわけです。そこから、いわばゼロからもう一回人間を立ち上げていくんです。小説に限らず、そういう発想はかなり強くしみついているかも知れません。逆にいうと、近代で作り上げられた人間像とか、ヒューマニズムとはかなり遠い。

――もっと根源みたいなところにいこうということですね。

●藤沢　近代も時間が流れています。あるひとつの流れできたということがあったとしても、別の可能性はいっぱいあったはずなんですよ。戦争もそうだし、天皇制もそう。だからその別の可能性を、自分、もしくは主人公を通して模索しているというのかな、それで書いている感じはありますね。

▼われわれの世代

――自分の歴史を遡ったことが、ひとつのポイントになったというお話があったと思うんですが、それはちょっとこの本と重なりますね。

●藤沢　たとえば全共闘世代の方々は、われわれよりもはるかに歴史認識があるわけですよ。だからこそ大文字に対して大文字で反発するんだけど、ぼくらにはそれがない。ポストモダンで、そういうのは捨てたというか、全然違う戦略で考えていくしかないということがあった。たぶん全共闘世代の人たちからすると、われわれの昭和30年代って、〝ばか〟に見えているんじゃないのかって思う。「どうしたいのか、わかるの？」みたいな感じだと思うんですよ。

――上の世代から見れば、そう見えるんでしょうね。

●藤沢　「しらけ世代」って言われた。しらけ世代というのも、あまりピンとこなかったですけどね。

――なんか、もやっとしてますね。ぼくらの世代くらいからオタクが出てくるんだと思います。ただ藤沢さんは、オタク的な、サブカルとは違う表現方法だし、知性なり理性なりの組み立て方も違いますよね。藤沢さんは、どこにも属してない感じがするのが、かっこいい。

●藤沢　かっこ悪い、アウトサイドですよ。自分にとって、たとえば、さっきの仏教、禅思想ってけっこう大きかったですよ。言語以前に向かう、というのは、本当に、最初の頃からありましたから。いまだにライフワークみたいなものですけどね。

——今回、この仕事をやっていて、90年代の半ばくらいに、われわれの世代のなかで、感性的な分断みたいなものが顕在化してきたような気がしたんです。いろいろな分断の「線」があると思うのですが、そのひとつはサブカルが「わかる／わからない」というものです。ぼくは「わからない」派。アニメとかは全然お手上げなんですけど、われわれの「同級生」の社会学者・大澤真幸さんは、サブカルの素材を縦横につかいながら、たとえば「対米従属」の問題を扱っています（『サブカルチャーの想像力は資本主義を超えるか』２０１８年、角川書店）。

●藤沢　「対米従属」の問題は大きい。ぼくらは終戦から十数年で生まれてきて、子どもの頃って、アメリカってすごいな、かっこいいなと思ってきた。雑誌の『ポパイ』とか『ブルータス』とか『平凡パンチ』とか、あのへんがみんなアメリカの文化を喧伝し、自分らもその洗礼をうけてきた。でも80年あたりから、「対米従属」ってことがチラチラ気になってきた。亡くなった「スーパーエディター」の安原顯さんが「アメリカ合衆国日本州」って本気で言っていましたが、その気持ちはわかりますよね。日米地位協定もそうだけど、日本はアメリカの冊封体制の中にいるようなもんじゃないですかね。昔、唐とかに朝貢していたのと同じ。

ぼくらはそういうことを考えずにやってきたから、ツケが回ってきた。いまこんな奇妙奇天烈な国ってないじゃないか、というくらい。

そういう意味でも、遡って考えていくのは大事だと思います。戦前とか、もっと前でもいいんですけど。

――最後に、そのツケはいっぱいたまってるけれど、どうしましょう？

●藤沢　こんなのは小説では書かないですけど、ただ気分というか思考の根底には、「アメリカに取られた」みたいな感覚はたえず持っておかないと絶対おかしなことになる。「戦後は終わった」なんて言いますけど、「終わってないでしょ」と、ぼくらの世代はみんなそう思っているはずです。そこでどういうふうに生きていくかってことですが、その基準点は、さっき言った歴史を考えないと出て来ないと思うんです。

ぼくはそれまで歴史なんて、本当に切断して考えていた。若い頃はそれがむしろクールだと思ってたんですよ。でも、自分の中にもやっぱり〝個人のツケ〟があるんですね。どこかでそれを見ないようにしていた。そういうところが堆積していて、このままだととてつもないところにいってしまうかもしれない。「小さな説」である「小説」で、解決策など出さなくていいし、出ないはずです。むしろ、解決、解答という地平で安心しないで、この時代の恐ろしさをたえず踏まえて、考え続けていかなきゃならないと思いますね。

第6章

21世紀

2001(平成13)年[43歳]～2018(平成30)年[60歳]

▼21世紀がやってきた

1999年のノストラダムスの大予言は外れ、2001年の変わり目にも大クラッシュは起きず、平穏に21世紀を迎えたかにみえたが、そうは問屋が卸さなかった、って、いつの時代の表現だ? 商品の流通形態も激動の時代を迎える21世紀である。

ここで世紀末から21世紀にかけての日本の政治・経済をちょっとおさらいしておこう。

96年1月、阪神大震災とオウムによる地下鉄サリン事件でボロボロになった村山首相が退陣、久方ぶりに自民党総裁橋本龍太郎が首相に就任。バブルのつけは大きく、97年には三洋証券倒産、北海道拓殖銀行が経営破たん、山一證券自主廃業(社長の涙の会見)、98年には日本長期信用銀行が一時国有化される(のち新生銀行)など、金融不安が続いた。ということもあり、98年夏自民党は参院選で惨敗、橋本は退陣し、小渕恵三内閣に。しかし、00年、小渕は脳梗塞で倒れ死去、森喜朗内閣が誕生するも、森首相は失言を連発して退陣。そして総理に就任したのが、「自民党をぶっ壊す」など〝ワンフレーズ・ポリティクス〟で名を馳せることになる小泉純一郎である。

そしてこの年の**9月11日、アメリカで同時多発テロ**が発生した。いろいろな解釈があるが、社会主義国の自壊で〝一人勝ち〟となったアメリカが標的とされた、ともいえる。グローバル時代に入ったといっても、要はアメリカを中心に世界がまわっていくことが印象づけられた事件でもあった。**2003年、欧州連合（EC）の発足**も、アメリカに対抗するためのヨーロッパ連合と考えることができる。

▼2001年　原辰徳、監督に

辻発彦が99年に引退し、われわれ同級生のプロ野球現役選手はいなくなった。80年代で挙げた同級生プロ野球選手の多く（130頁）は、引退後もコーチ、解説者、球団編成などで活躍している。その中で監督になったのは3人だ。これ、実は結構多い。

まずは**原辰徳**だ。彼は2001年から合計12年間、巨人の監督を務め、リーグ優勝7回、日本一3回という素晴らしい成績を残している。現役時代、何かと引き合いに出された長嶋茂雄は監督通算15年間で優勝5回、日本一2回。王貞治は巨人で5年、ダイエー・ソフトバンクで14年、合計19年間監督を務め、優勝4回（巨人で1回、ダイエーで3回）、日本一2回だから、監督としての実績はON

以上である。２００９年ＷＢＣでの優勝もある。原辰徳は間違いなく優秀な監督である、といえる。

大石大二郎も監督になっている。２００８年途中、オリックスのコーチから昇格、監督は２００９年まで務めた。その後福岡ソフトバンクのコーチとなり同チームの連覇に貢献するなどコーチとしての実績もある。監督を務めたというだけでも価値あることだが、選手を育てる能力も高い。

３人目は**辻発彦**である。プロ入りもノンプロの日通浦和から83年暮れのドラフト２位で西武に入団しているので、同級生の中ではプロ入りがかなり遅いが、現役引退は一番遅く、古巣西武で監督になったのも２０１７年からで、現時点では一番遅い。すべてに晩成というタイプなのかもしれない。今年（２０１８年）、強力打線を武器にチーム10年ぶりのリーグ優勝を果たした。これから、西武を常勝と呼べるようなチームにすることができるか、注目である。

▼45歳まで現役リッキー・ヘンダーソンも同級生だった

番外編として何人か同級生の外国人も紹介しよう。

ＭＬＢの代表選手としては、何と言っても**リッキー・ヘンダーソン**だ。通算盗塁数１４０６、年間盗塁数１３０（82年）はおそらく永久不滅の大記録だろう。盗塁王にもＭＬＢ最多の12回輝いている。２００３年の45歳まで現役だったことも合わせてスゴイの一言に尽きる。日本の盗塁王福本豊が通算２０８本のホームランを放っているように、リッキー・ヘンダーソンも通算ホームラン数は２９７本（うち、先頭打者ホームラン81本＝ＭＬＢ通算１位）と長打力も兼ね備えていた。通算安打数も

3000本を越えている。ベースボールプレーヤーとして最高レベルの同級生である。

日本にやってきた外国人では**フリオ・フランコ**が筆頭だ。千葉ロッテでプレーしたのは95年と98年の2シーズン、独特の構えからヒットを量産し、ファンを魅了した。その後、再度またMLBに戻って2007年までプレーしたのは驚愕である。MLB実働23年で通算2568安打。91年には首位打者にも輝いたMLBでも語り継がれる大選手である。

もう一人、来日後、存在感としては非常に大きかった同級生もいる。**アニマル・レスリー**である（引退後は亜仁丸レスリー）。

MLB4年、日本の阪急では86、87年の2シーズンプレーし、MLBではさしたる実績はなかったが阪急では主に抑えとして、特に86年は5勝3敗19セーブ防御率2・63と活躍した。味方捕手をボコボコに殴ってコミュニケーションを図るというナゾの行動とマウンドでの雄たけびなどド派手なパフォーマンスばかりがプレーそのものより有名な選手だった。事実2年目は打ち込まれるケースが増え、87年限りで退団。だが、彼はここから日本での第2章、タレント亜仁丸レスリーとして再スタートを切った点が出色だ。タレントとして人気が出始めの頃、東京都内のとある飲食店で偶然、若い日本人女性と楽しそうに食事しているのを見かけたことがあるが、たぶん、彼女が後の奥様だったのだろう。2013年に腎不全で亡くなったというニュースは悲しかった。

▼2001年　朝ドラに進出した同級生

「朝ドラ」（NHKの連続テレビ小説）の歴史は長い。われわれが小学校に入る前からやっている（1961年『娘と私』が最初）。ドラマの内容というよりも「時計代わり」とかいわれながらも、現在も人気が続いている。最近では、このドラマに続く情報番組の司会がドラマにコメントするという〝楽屋落ち〟がまかり通っているが、これも公私がグズグズになるネット社会の影響だろう。ま、それはさておき、この癖になるドラマをわが同級生が書くようになった。2001年、**岡田恵和**の脚本『**ちゅらさん**』である。沖縄を舞台、ヒロインの国仲涼子を個性的な脇（沖縄の「おばぁ」がナレーション）が支えるというほのぼのとした群像劇で、評判も高かった。

岡田恵和は90年に脚本家デビュー、すでに『**白鳥麗子でございます**』（93年、フジテレビ）『**イグアナの娘**』（96年、テレビ朝日）ほか多くのヒット作をもち、さらに「朝ドラ」を2本、『**おひさま**』（2011年）、『**ひよっこ**』（2017年）を手がけている。なにげない日常のなかにドラマをみいだしていくような作風にはファンも多い。同級生的にいうと、われわれと近い世代の中井貴一が、ちょっとズレてる主人公のオッサン役を演じた（ヒロインは小泉今日子）『**最後から二番目の恋**』（2012年、フジテレビ）が印象深い。身につまされた同級生も多かったのでは。

もうひとつ朝ドラネタを。日本を代表する喜劇役者藤山寛美の娘、**藤山直美**も同級生だ（176頁も）。

幼少の頃から父と同じ道を歩み、舞台を踏んでいるが、全国区になるのは結構時間が経ってからである。知っている人は知っていたのだと思うが、私は92年の朝ドラ、泉ピン子、桜井幸子主演の『**おんなは度胸**』で脇役での目立った演技まで、藤山直美の存在を知らなかった。14年後2006年には同じ朝ドラ枠『**芋たこなんきん**』で史上最年長の47歳でヒロインを演じるのだから遅咲きだったことは間違いない。

元気でストレートな物言いは、タイプは違うが高見恭子と同様。偉大な父を持つ娘は強いということなのか、などと思っていたが、2017年2月、初期の乳がんであることを公表。摘出手術に踏み切り、直後に予定されていた主演舞台『**おもろい女**』も降板した。はたして藤山直美はどうしているのか?と思っていたら今年（2018年）8月、10月からの主演舞台『おもろい女』製作発表会見で久々に公の場に戻ってきた。「完治したといったらウソになる」と言いつつも、喜びをにじませていた。藤山直美は元気でなければ似合わない。いや、いつも元気でいてほしいと感じさせてくれる日本でも有数の喜劇人だ。

▼2005年あたりの東京［補注］

マンガ家であり、江戸風俗研究家でもあった**杉浦日向子**が2005年に亡くなっている。46歳だった。少し前までNHKの江戸ものの番組に和服姿で出ていたと思ったら、訃報。この人が同級生であることを知っていたから、エッ、という声が出た。がんだったようだ。彼女はあまりに早すぎるが、われわれは確実にそういう年になっているわけである。

彼女は80年代初頭、雑誌『ガロ』に江戸もののマンガを描いてデビュー、80年代の江戸ブームにのってメジャーな存在になっていった。荒俣宏と結婚・離婚したときは、へえー、と思った。ソバを批評するのではなく、ソバ屋という身近なオアシスを楽しむことを旨とする『**ソバ屋で憩う**』(杉浦日向子とソ連編著、1997年、新潮文庫)という本がある。これも散歩本の一種だが、われわれの同級生にはこうした〝東京好き〟が多いことがわかる(186頁も)。

マーケティングの専門家で、その視点で東京を分析してきた**三浦展**も間違いなく〝東京好きの同級生〟だと思われる。彼は東京本を多数出しているが、この2005年には『**下流社会**』(光文社新書)を刊行し、このころからいわれだした「格差社会」の内実を分析して話題になった。これも東京のマーケティング的分析から導き出された見識だろうと思われる。

▼2005年は「小泉劇場」そしてAKB48

2000年代半ば、グローバリズムの波は確実に日本社会にも押し寄せていた。競争が激化し、「**勝ち組**」と「**負け組**」に分化、「中間層」が没落する事態が進行していた。そういう空気と政治の「小泉劇場」は見事にシンクロしていたと思う。「改革なくして成長なし」(01年)というキャッチフレーズ、02年の北朝鮮訪問で拉致問題の顕在化、イラク戦争(03年)についてアメリカへの全面支持、そして05年の「郵政民営化選挙」で圧勝といった出来事がそれを示している。

「勝ち組」の象徴のような**秋元康**が新しい〝おもしろがり方〟を始めたのは2005年のことだ。AKB48劇場を作り、**AKB48**を出演させた。秋元康本人の弁によると開演初日の観客は7人だったそうだが全くめげなかったという。彼には「毎日会いに行けるアイドル」は絶対ウケるという確信があったのだ。

その後の巨大なムーヴメントについては説明の必要がない。今やAKB48の姉妹グループは国内だけでもSKE48、MNB48、HKT48、NGT48、STU48と5つもある。AKB総選挙やじゃんけん大会などは、一歩引いて考えたらそれがどうした？ というくらいのどうということはない企画なのだが、それをやって今や国民的なイベントにしてしまったところが彼の才能なのだ。「誰がセンターか⁉」も、大した問題ではないといえば大した問題ではないが、それが大変大事なテーマということになってしまった。

さらに付け加えると乃木坂46、欅坂46も秋元康のプロデュースによるものである。2017年のレコード大賞を受賞した乃木坂48は、レコード会社の関係でAKB48とその姉妹グループのライバルとされているのだが、その両方を秋元康はプロデュースしているわけだ。とんでもない男といえるだろう。

「勝ち組」としての秋元康の強さは、同じく「勝ち組」と思しいホリエモン（堀江貴文）が2006年に逮捕されたり、90年代を席捲した小室哲哉が08年逮捕されたりしたわけだが、そういうことがないところにもあると考えていい。脇が固いのだろう。

▼小室哲哉の凋落

小室哲哉は、緊張感の中から自分をギリギリまで追い込んで楽曲を作り上げていく印象があった。私は傍観しているばかりだったので、細かいことはよくわかっていないが、TRF、篠原涼子、globe、華原朋美、さらに安室奈美恵を手掛けるなど、小室哲哉が全く留まることなく動き続けていたことは理解していた。傍観しているだけでも、そんなにがんばり続けていて大丈夫なのか、などと思っていた。

21世紀に入ってから、小室哲哉の勢いはかなり沈静化していたこともなんとなくわかっていた。全盛期のような億単位の金を自由に動かせるような状況ではなくなっていたはずなのに、きっと金銭感覚はマヒしてしまっていたのだろう。2008年、5億円詐欺容疑で逮捕されたのだ。このとき私が連想したのは、たとえとして正しいかどうかわからないが、「現役時代巨額の富を得たボクシングヘビー級世界チャンピオンだったボクサーの引退後の成れの果て、のようなものか」だった。

懲役3年、執行猶予5年の有罪判決で、小室哲哉の刑が確定したのが2009年5月。そこから彼はかつての暴走列車のような創作活動とは違った形で音楽業界に帰ってきた。それは業界関係者の多くも望んでいたことのようで、減刑を願う嘆願書も出されていたと聞く。彼の偉大な才能を誰もそのまま埋もれさせたくはなかったということだと思う。これについては私も同感だ。

還暦を迎える今年2018年になって突然の引退宣言は、いろんな事情があるのだろうが、まことに残念である。

さて、おニャン子クラブが世に出てから30年以上が経過した。その間、秋元康と小室哲哉は、その関わり方、方向性は異なるものの、日本の音楽史に多大な影響を与えてきたのは間違いない。ところでこの２人、調べてみると**作詞秋元康、作曲小室哲哉という曲**が結構あって驚く。そのほとんどは小室哲哉がＴＭ　ＮＥＴＷＯＲＫでブレイクする前のことで、様々なアイドル歌手が歌っている（たとえば原田知世「家族の肖像」、牧瀬里穂「国境に近い愛の歌」など）。アイドル歌手の歌う曲は、大半が出来上がった曲に後から詞をつけるというやり方だそうだ。秋元康がその頃、小室哲哉の醸し出すメロディーラインをどう思っていたのだろう。聞いてみたい気がする。

▼２００９年　民主党政権誕生

小室哲哉が失速しかけていた２００８年、自民党政権も短命内閣（第一次安倍晋三→福田康夫→麻生太郎）が続き弱体化していた。そして**リーマン・ショック**で世界同時不況が到来する。内閣支持率が低下するなかで09年7月衆議院解散総選挙。自民党が大敗し、民主党への政権交代が実現、鳩山由紀夫が総理大臣に就任した。

民主党のブレーンとしてこの政権を支えた政治学者・**山口二郎**はわれわれの同級生である。東大法学部卒、北大に長くいて、現在は法政大学教授。リベラル派の論客だが、80年代の終わりから、一国平和主義的な護憲論ではなく、「なるべく軍事力に頼らずに紛争解決を図るための『永久運動のエンジン』として、九条をとらえ直していきたい。より非暴力的な方向で世界に貢献するための規範づくりを自らの手で」（92年の発言『ニッポンの現場検証』細田正和著、93年、洋泉社所収）と語っていた。その延長線上で民主党に与したのだと考えられる。現在も安倍政権批判の急先鋒としての発言が目立つ。

わが同級生には、めだった政治家はいない（申し訳ないが、官僚については勉強不足で不明）。山口二郎のような役割を担っている人は稀有な存在だと思われる。リベラル派として、外交や安保についてオルタナティヴかつ現実的な提言を続けていってほしい。

▼２００９年の訃報

同級生の漫画家、**臼井儀人**は、その遺した作品は永遠の輝きを放っているが、自身は決して目立とうとはしなかった男である。代表作**『クレヨンしんちゃん』**を知らない人はいないと思うが、その作者が臼井儀人と即時に言える人はそんなに多くはいないかもしれない。

92年、テレビ朝日系でアニメ化された『クレヨンしんちゃん』は、当初20％をはるかに超える視聴率を獲得。嵐を呼ぶ5歳児は、全国のお茶の間の話題をさらった。臼井儀人が同級生であったからだと思うが、観ていてストーリーの時代性に共感することが多かったのを思い出す。

ところで「しんちゃん」は自分の母親のことを「みさえ」と呼び捨てにするのだが、われわれの子ども時代には考えられなかったこの傾向、いまはフツーのことらしい。「しんちゃん」のせいにするわけではないが、違和感がないことがあたりまえになっている、と考えるは歳のせいだろうか……。

山登りが好きな臼井儀人は2009年、群馬県と長野県の県境に聳える荒船山登山に行って、転落死、51歳でその短い生涯を終えている。

アニメ『クレヨンしんちゃん』は、今も続いているが、主人公「野原しんのすけ」役の声優、矢島晶子が2018年6月一杯で降板したのは、ちょっと残念なニュースだった。

▼2011年3月11日

民主党は「マニフェスト」（公約）を掲げて政権を獲得したわけだが、沖縄の普天間飛行場の移転について「国外、最低でも県外」といったことが、早々に暗礁に乗り上げたのが象徴するように、その政策はなかなか実現していかなかった。

2010年には尖閣諸島で中国漁船衝突事件が発生し、その対応をめぐっても批判が相次いだ。それにしても、中国の国力に目を見張ったのはこのあたりからだろうか。翌11年には日本はGDPで中国に抜かれ3位に転落する。

そして災禍が襲う。2011年3月11日の**東日本大震災**、さらに**東京電力福島第一発電所の大事故**である。これによって日本の社会は大きな転換を迫られたといっても過言ではないだろう。そしてそれ以降天変地異が多いのは単なる偶然なのだろうか。気になるところではある。

民主党政権の震災への対応のまずさが指摘され、これに民主党の内紛が加わり、菅直人総理は退陣、野田佳彦内閣となった。野田の政策は消費税などほとんど自民党と変わらず、2012年12月、安倍晋三自民党総裁の挑発にのって衆議院を解散し、見事に惨敗、下野した。こうして長期政権となる第2次安倍晋三内閣が誕生する。

安倍内閣は、アベノミクスなる経済政策で好況感を演出、復古的な道徳感をチラチラ出しながらナショナル的な心性を刺激、2013年には特定秘密保護法、15年には安全保障関連法を強引に成立させ、森友・加計〝忖度〟スキャンダルは議会の数の力で無視、祖父・岸信介がやれなかった悲願の改憲へ突き進んでいる。

国内のこうした流れとどこか通じるようなことが起こっている。2016年には、イギリスが国民投票でEU離脱を決め、露骨な〝アメリカ・ファースト〟で当初泡沫と思われていたトランプが大統領となっている。やれやれ。

▼安倍政治をめぐる同級生

われわれの同級生には政治家の人材がほとんどいないが、例外的に大臣になった人がいる。あの**稲田朋美**である。2005年に福井1区から衆議院に自民党から立候補して初当選以来、5選、安倍内閣においては内閣府特命担当大臣、国家公務員制度担当大臣を経て、2016年には防衛大臣に就任した。「南京虐殺事件における100人斬り戦争」の虚偽を訴えることがきっかけとなって政界に進出、まだ総理になる前の安倍晋三から政治家になるよう強く勧められたというから〝筋金入り〟である。それが大臣就任にもつながっている。ところが2017年の東京都議選で自民党候補者の応援演説での「防衛大臣としてもお願いしたい」発言や、それまでの自衛隊のイラクでの日報をめぐるシドロモドロ答弁もあり、同年7月に辞任した。

▼**[補注]** もちろんこんな同級生ばかりではない。近年すさまじいまでの仕事量で、ハイレベルなのにわかりやすい書（**『世界史の哲学』**や橋爪大三郎との対話による「キリスト教」「仏教」「中国」「日本の歴史」などの入門書）を生み出している同級生・**大澤真幸**が、安倍やトランプ的なるものがなぜ支持されるのかを分析している。《「人権」のような普遍的とされる原理に訴える主張は、今日ではどこか胡散臭く、偽善的との印象を与える。その「普遍性」をあからさまに否定する態度、つまりナショナリズムこそが、…妖しい魅力を発するのだ。／かつて支配的な規範に対して反抗的なのは左派だった。今日では逆に、右派的なナショナリズムこそ、支配的な規範に対してあらがうものであり、魅力的に見えるのだ。》2007年9月15日朝日新聞の記事だが、同趣旨の内容は**『日本人が70年間一度も考えなかったこと　戦争と正義』**（2015年、左右社）にもある。同書ではさらに、アメリカから「誤配」（デリダ—東浩紀の概念）され受け取ってしまった憲法（国民国家を止揚してしまう内容をもつ）を、アメリカの意図を超えて使ってしまおうと提案する。日米軍事同盟を前提にした護憲は明らかに欺瞞であるから、「九条を欺瞞から解放すること」。九条に、真の普遍性を与えること」が必要だと説く。そのためには九条を純化するような改憲を行ない、「新九条を選び直してもよい」とする。

「改憲」がリアルになってきた今日、マジで検討すべき内容かもしれない。

▼「遅咲き」

華道家、フラワーアーティストの同級生・**假屋崎省吾**は、2000年頃からタレント活動を開始したようだ。一般的に知られるようになったという意味では「遅咲き」だが、もちろんポッと出の人間が活躍できる世界ではない。

私が彼をテレビで初めて見たとき、その風貌から「いったい何者?」というのが正直な第一印象だった。確かNHKの『趣味悠々』を偶然、目にしたときだったと思う。

假屋崎省吾は小さい頃からNHKの『趣味の園芸』『きょうの料理』『婦人百科』などが好きで興味深く見ていた(『假屋崎省吾自叙伝　花を愛した男』2003年、阪急コミュニケーションズ)そうだから、その系統の番組に自ら出演したのは、不思議な感覚か、いや快哉を叫びたくなるような壮挙であったかもしれないが、そんなことはともかく、番組内での言動はしっかりしているし、美に対するこだわりも非常に強い。「これはタダモノではなさそうだ」と短時間で認識が改められた。外見から、変な先入観を持った私が間違っていたのだ。いや、間違っていたどころか、假屋崎省吾はすでにビッグネームだったことを後になってから知らされることになる。

假屋崎省吾は平成天皇の御在位10年記念式典の花の総合プロデューサーを務めている。とんでもない実績である。また、目黒雅叙園では、百段階段での個展「華道家　假屋崎省吾の世界」も手掛けていた。これは２０００～２０１６年まで毎年開催され、来場者述べ１００万人を超えるスーパーイベントだった。他にも挙げていけばいろいろとあるのだが、これだけでも假屋崎省吾が花という「美」についてのプロデュース能力としては図抜けた存在であることがわかる。

彼は、前出の『假屋崎省吾自叙伝　花を愛した男』によれば、大学を卒業後、一旦はアパレルメーカーに就職したのだが、華道「草月流」家元、勅使河原宏との出会いで、元々持っていた花への興味が一気にふくらみ、会社も辞め、花の世界に吸い寄せられ、現在へとつながっているそうだ。「草月流」は華道の中でもとりわけ芸術色の強い流派だったことが彼の琴線に触れたのだろう。そうして文字通り才能が〝開花〟する。30代で早くも家元である勅使河原宏からも認められ、独立してフリーの華道家となってしまうのだから、いかに彼にとって「花が命」だったかもわかろうというものだ。「花は総合芸術」と言い切る假屋崎省吾の生き方は極めてシンプルで爽快でもある。

もうひとり「遅咲き」がいる。**吉田鋼太郎**である。

劇団俳優として若くから活動していた吉田鋼太郎だが、その筋では有名だったのかもしれないが、一般的には21世紀に入っても知名度はほとんどなかったと言っても過言ではない。

彼の名が初めて全国的に知れわたるのは、たぶん２０１３年に放送されたＴＢＳテレビのドラマ『**半沢直樹**』での主人公半沢の上司役だろう。

翌年にはＮＨＫの連続テレビ小説『**花子とアン**』でもレギュラー出演、この2作の高視聴率ドラマで、一気に渋い役者、吉田鋼太郎はひょっとすると同級生俳優で一番の有名人になったかもしれない。そうなると、いろいろなところで取り上げられ、私生活で結婚が4回というのもその後、報道された。なるほど、モテ男の雰囲気は醸し出しているなと思う。

▼ノーベル物理学賞の梶田隆章

2015年末、同級生から**ノーベル賞受賞者**が誕生した。**ニュートリノ振動の発見で物理学賞**を受賞した**梶田隆章**である。彼は埼玉大理学部を卒業し、東大大学院理学系研究科で学んで、偉大な発見にいたった。

「すべての物質は原子と分子から成り、原子は原子核とそれを取り巻く電子から成る。そして、原子核は陽子と中性子の結合したものである」くらいまでは、聞けば「ああ、そんなこと習ったっけ」と思い出す同級生はいると思う。だが、その先のさらにミクロの世界である物質を構成する最小の単位、素粒子に興味を持ったことが梶田隆章のすべての出発点だったといえよう。

陽子と中性子は3個のクォークから構成されている。このクォークも素粒子の一種である。梶田隆章が研究したニュートリノも、簡単にいうと素粒子の範疇に属するもので、その存在が確認されたのは1956年とされている。ただ、これが質量をもつものかどうかが確認できなかった。梶田隆章のニュートリノ振動の発見とは、膨大な観測データからニュートリノ振動、すなわち途中で別種のニュートリノに変化することで質量を持つことが確認できたということなのだ。大学で失格理系男子になってしまっている私自身、こうツラツラ書きながらよくわかっていないが、この研究発表がされたのは1998年であった。

梶田隆章の成功の背景には東大大学院時代、後に史上初めて自然に発生したニュートリノの観測に成功したことにより2002年にノーベル物理学賞を受賞することになる小柴昌俊の研究室に所属したことや、そして直近の師である物理学者の故戸塚洋二ら極めて優秀な物理学者に囲まれていたこともある。特に、「ニュートリノ振動」については戸塚氏の存在は非常に大きかったといわれている。ノーベル物理学賞受賞の際、記者団からの「戸塚氏が生きていたら共同受賞していたと思われますか」の問いの「はい、そう思います」と即答しているほどだ。無論、梶田隆章の細密にして明晰な頭脳なくしてはこのような偉大な発見はない。すばらしいの一言に尽きる。

彼は、子どもの頃、「お茶の水博士になりたい」と言っていたそうだ。こういう逸話には正に同級生だな、とうれしくなる。

▼「日本人には無理」を覆した21世紀のスポーツ

日本のスポーツは、21世紀になってから少なくとも競技レベルにおいては随分と変わってきた印象がある。

ここでは「日本人には無理」と思われていた競技での〝これぞ快挙〟だけを振り返ることにする。

まずは2004年アテネ・オリンピック水泳女子800m自由形を制した柴田亜衣だ。〝日本人には自由形は無理〟と言われた中での優勝である。これがきっかけかどうかはわからないが、その後、自由形は男女ともぐんぐんレベルを上げて現在にいたっている。その筆頭が池江璃花子。今年（2018年）のアジア大会、自由形を中心に快記録連発で金6個獲得は記憶に新しい。

2006年の冬季オリンピック・トリノ大会での女子フィギュアスケートでの荒川静香の金も「日本人には無理」の常識を覆した。伊藤みどりも浅田真央もオリンピックの金は獲れていないのだ。

2008年の夏季オリンピック北京大会では、陸上男子4×100mリレーの銅メダル（のちにくり上げで銀に変わる可能性がある）獲得が秀逸だ。塚原直貴、高平慎士、末續慎吾、朝原宣治の4人は「日本人に短距離は無理」と言っていた人達にはっきり「それは違う！」ことを示し、しかも8年後のリオデジャネイロ・オリンピックでは彼らの後輩である山縣亮太、飯塚翔太、桐生祥秀、ケンブリッジ飛鳥の4人がアメリカに先着して銀メダルを獲得した（後にアメリカはバトンパスのミスで失格となるが先着したのは事実）。2020年の東京大会で、日本は100mで84年ぶりのファイナリスト、そして4×100mリレーでは本気で金メダルを狙えるレベルにある。

21世紀に入ってからの団体球技では2015年ラグビーワールドカップでの日本の南アフリカ撃破（34—32）以上の快挙はない。あらためてお断りしておくが、南アフリカはワールドカップ制覇2回、ラグビー王国ニュージーランドの長年のライバルである。来年（2019年）、日本で初めて開催されるラグビーワールドカップでもう一度、多くの人にラグビーの魅力を伝えることができるか？

フィギュアスケートに日本人男子の圧倒的なスターが現れるなど誰も予想しなかったという点で、

２０１４年ソチ大会、２０１８年平昌大会でオリンピック2連覇の羽生結弦は〝これぞ快挙〟の二乗といってもいい。すでに国民栄誉賞を受賞した今年（２０１８年）12月、24歳になる羽生結弦はこれからいったいどこに行くのだろう。

現時点でのトドメといっていい〝これぞ快挙〟は、テニス大坂なおみの２０１８年全米オープン初制覇だ。男女を通じて世界4大大会でのシングルス日本人初優勝。まだ大坂は20歳であることを考えても、新時代のヒロインが誕生したと言い切ってよさそうだ。

一方で、21世紀に入ってから、日本ではさまざまな不正、あるいは旧態依然とした閉そく性、パワハラ、セクハラ、金銭不正授受など信じ難い事実がいくつかの競技団体で次々に明るみに出てくるようにもなってきた。まだまだこんなのは氷山の一角か？という気もするが、一方で対照的な例もある。

現在大学ラグビー界の頂点に君臨する（２０１８年現在、大学選手権9連覇中）帝京大学ラグビー部である。1年生は、これまでほとんどあたりまえのように言われてきた合宿所内の雑用が免除される。雑用は4年生の役目だ。慣れない環境で、しかもトイレ掃除をはじめとする日々の雑務に追われたら、確かにラグビーどころではないかもしれない。全国から集まってきた有望な選手たちに、まずは環境に慣れてもらおうという岩出雅之監督の考えによるものである。無論、学生としての勉強もある。何度か練習を取材させてもらったが、彼らの礼儀正しさも他大学の追随を許さない。

今や、日本代表も帝京大学ＯＢの比率がどんどん増えている。なんともすごい体育会のクラブを岩出監督は作り上げたものである。岩出監督は1958年2月生まれ。惜しくもわれわれの同級生ではないが、「ほぼ同年代」としてとても誇りに思えるすごい監督である。

新入生の雑用免除がすべてではないとしても、〝暗くて怖い〟体育会は、もう過去のものにしなければいけないことを彼らは教えてくれる。

スポーツは平和の象徴である。もちろん、楽しむだけでは競技スポーツでの頂点など望むべくもないが、練習はあくまでも競技力向上が目的でなければいけないだろう。〝これぞ快挙〟として挙げさせてもらったアスリートたちから共通して感じるのは、優れた、あるいは考え、工夫された練習環境に加え、本人と周囲の人達の競技に向かう真摯な姿勢である。

いろいろな競技団体の中核に数多くいると思われるわれわれの同級生たちには、彼らの環境を整え、指導することで、さらなる新世代のスーパースターを生み出してもらいたいと願わずにはいられない。

▼2018年　ラジオのプロ野球中継

さて、改めて申し上げるまでもなく野球は、われわれ世代にはかなり強い影響力を持つスポーツだが、その影響を与えたのが、プロ野球中継である。これも繰り返しになるが巨人戦だ。われわれの幼少の頃からこれは変わらない。テレビだけでなく関東地方の民放AMラジオ局は、ライオンズの母体が西武になり、文化放送が1982年から「ライオンズナイター」をやるようになって若干の様変わりはしたが、それでも「シーズン中はナイター中継をやっている（または野球中継をやっている）」

ことじたい、平成の時代になっても変わることはなかった。

しかし、今年（２０１８年）、ついに関東の民放ラジオ局の一つであるＴＢＳラジオがレギュラー枠としてのナイター中継をやめた。すでにＴＢＳラジオは２０１０年から土、日のナイター中継はやめていた。それでも火曜〜金曜はやっていたのだが、それもなくなりレギュラーとしては完全に撤退したのだ。

少なくとも巨人Ｖ９時代、ＡＭラジオのナイター中継は絶対的な存在感があったものだが、野球好きを自称するような同級生の中にもこのニュースを知らない人がひょっとしたらいるかもしれない。だとしたら、残念ながらＡＭラジオは、それくらいマイナーなメディアになってしまったということにもなる。

ＣＳやネット中継ではもう10年以上前から、プロ野球の試合はその気になればシーズン中、ほとんどすべて観ることができる。その分、地上波全国ネットのプロ野球中継は激減した。

われわれと同い年の本来テレビ塔の東京タワーは、今では主だった放送局の電波塔としての役割を終え、ほとんど観光地になっている。テレビというメディア自体も、われわれの子どもの頃とは随分と違うものになってきた。

プロ野球中継についての考え方が、一変してしまったのも不思議ではない。

ラジオでのプロ野球中継は、その存在意義が今後も問われることになろう。そのうち、ＡＩが実況をやることになるかもしれない？

〔特別インタビュー〕フリーキャスター・小宮悦子氏に聞く

「昭和33年」組は、窮屈な考え方をやめましょうよ

※小宮悦子　1958年4月18日、東京都生まれ。川越女子高を経て、東京都立大学人文学部卒。81年テレビ朝日に入社、85年から「ニュースステーション」のキャスターを務める。91年からフリーに。聞き手：四家秀治

▼もともとアナウンサー志望ではなかった

●**四家**　小宮さんは中3トリオを同級生として意識して生きてきたところってありますか？

●**小宮**　それはもう、（森）昌子ちゃんも、（桜田）淳子ちゃんも、（山口）百恵ちゃんも（なれなれしくて失礼！）「スター誕生！」はほとんど観ていましたよ。テレビっ子だったので。

●**四家**　へえ～、そうなんですか。私は観てないです。彼女たちを見ていて、負けないよう頑張ろうというような気持ちにはならなかったですか？

●**小宮**　そういうのはなかったですね。「すごい！　がんばれ！」というような、拍手して応援する気持ちでしたね。

●**四家**　そうですか。応援する気持ちですか。

●**小宮**　大人になってからは「中3トリオとマイケル・ジャクソン、プリンス、マドンナと同級生」

というのを自慢話に使っていますから。

●四家　そうそう、自慢話にしますよね。それは私も使ってます。そういうテレビっ子だった頃の小宮さんは、どんな女の子でした？

●小宮　私はどちらかというと〝体育会系〟で、陸上、水泳、バスケなど運動をがんばっていました。背が高いほうで、小学生の頃はクラスで一番でしたし。それに緑豊かな埼玉で育ちましたので、わりとワイルドな少女でしたね（笑）。読書や書くことも好きで、学校では詩集とか文集とか学級新聞を作ったりするときの編集作業などを積極的にやったりしてました。

　そう、私、就職のとき、ほんとうはコピーライターとか雑誌の編集の仕事をしたいなと思っていたんです。

●四家　えっ？　アナウンサー志望ではなかったのですか？

●小宮　そうなんです。マスコミ志望ではあったのですが、特にアナウンサーを志望したわけではありませんでした。テレビ朝日は、10月4日がアナウンサー採用1次試験だったと記憶していますが、たまたま、就活がぽっかり空いたその日、マスコミ志望の私の友人が「受けてみない？」と誘ってくれたので、受けてみたらそのままトントン拍子に行ってしまって……。でも、本来出たがりではないので、後々苦労しました。

●四家　私もアナウンサー志望というよりスポーツ関係の仕事をやりたいというのがアナウンサーを目指す動機でしたから、出たがりではないという小宮さんのお気持ちはわかるような気がします。それで、小宮さんというとやはり85年から始まる久米宏さんをメインにした「ニュースステーション」のイメージです。あの番組に関わることになったのは？

●小宮　その前は午後2時からのワイドショー「こんにちは2時」の担当でした。それも担当したばかりでした。85年というのは日航機事故、豊田商事の事件、三浦和義事件、聖子ちゃん（松田聖子）の結婚とか非常に動きの激しい年だったんです。番組の視聴率も13％ぐらいまで上がっていて、仕事が楽しくなっていました。そこに「ニュースステーション」のお話をいただいたんですね。

▼生意気だったですねえ

●四家　画期的な番組だし、おもしろそうだと思いませんでしたか？

●小宮　「いくら久米さんを使ったって、そんなにうまくいくわけないよ」というのが、当事の局員の正直な感想でした。他局に比べたら少ない人数でワイドショーを数字（視聴率）の取れる番組にするくらい、みんながんばっていたし、視聴者の方々にようやく覚えてもらえるようになったのに、という気持ちもありました。それに「ニュースステーション」はテレビ朝日が社運をかけて取り組んでいたので、いろいろな番組から優秀なスタッフを引き抜くというような形になったりもしていて、それに対する反発はありましたね。そのとき担当している番組（ワイドショー）を愛していたわけだし。生意気だったですねえ。そういうことってありません？

●四家　ありますよぉ～。むしろ、それって自然な感覚じゃないですか？

●小宮　でも、まあ、業務命令ということで、（ニュースステーションに）行ってみたら……3カ月くらい経ったら、ちょっと面白くなったんですね。ただ、最初は、公募のキャスターといわれる方が大勢いらして、局アナは私と朝岡さん（朝岡聡アナウンサー、小宮さんの1期下、現在はフリー）だけでした。はじめは久米さんとは別のスタジオでニュースを読んでいたのですが、半年経ったら久米さんの横に行けと言われて……。

●四家　光栄と思わなかったんですか？

●小宮　えっ⁉　久米さんの横ですよ！　ニュースを読まなくちゃならないし、緊張するし。大変だと思いましたね。それまでも声を下げろと久米さんに言われ続けていましたし、声についてはその後もずーっと言われました。自分では気づきませんでしたが、当事はかなり高い声で読んでいたんですね。

▼決まり文句はつまらない、予定調和はつまらない

●四家　そうでしたか。でも、久米さんの横にいること、同じ番組に出演されていたことで学ばれたことはたくさんあると思います。

●小宮　それはもうたくさんあります。一番大きかったのは、それまで硬かったニュースの言葉を替えよう、つまり書き言葉を話し言葉にしようということでした。コンセプトは「あんたがたニュース」でしたから。いわゆる上から目線ではなく、「素人」の立場でニュースを伝えるということです

ね。報道系ではないいろいろな番組から優秀なスタッフを引っ張ってきたのもそのためです。それから手あかのついた表現や、決まり文句で言わないということ。パンダがかわいくても「かわいい」と言わず、違う言葉で表現しようと、常に考えていました。予定調和も嫌いました。

そういったことが久米さんの考え方で、私がそれまで5年間やってきた仕事とは質的に違うものでしたから「あっテレビってこういうものなのか」と思いましたね。ニュースに音楽を使ったのも、たぶん私たちが初めてだったと思います。

●**四家**　それは本来こうあるべきなんだというような感覚ですか？　それとも発見するような感覚ですか？

●**小宮**　どちらかというと発見ですね。内心、どこかで思っていたのかもしれない「決まり文句はつまらない」「予定調和はつまらない」ことを番組で発見したというような感覚です。だから私にとってはとても心地よかったです。今の報道現場の方々がどこまでそういうことを考えているのかは存じ上げませんが、私たちは、そこは徹底していました。そしてスタッフも、久米さんを驚かしてやろうという意気込みで企画、構成などを考えていたように思います。まさに番組内での相乗効果とでもいうんでしょうか。

●**四家**　ちょうど小宮さんにとっても20代後半から30代、年齢的にも仕事に全力を傾けるいい時期ですよね。

●**小宮**　はい、だからやっていくうちにどんどんのめりこんで、夢中になっていきました。面白い時代でした。ちょうどバブルの頃でしたし、東西冷戦が終わろうとするときで、ベルリンの壁崩壊もありました。取材も面白かったし、テレビという表現じたいが面白かった。私は番組に恋してしまったんだと思います。恋に落ちたという感じかな。

●四家　しかし、その番組から卒業するときがいずれ来るわけですが、それはどのような理由からだったのでしょう？

●小宮　私は、元々アナウンサー志望でもないし、自己顕示欲が足りません。だから、久米さんの横というか、陰にいるのが楽だったんですね。居心地よさといいますか。でも、それが久米さんは不満で「君は、もっと欲を持ちなさい。一人でやりたいと思わないのか」とよく言われました（笑）。

●四家　言いそうですね。

●小宮　久米さんが毎年夏休みを取るのですが、そのときは私が代わりにやらなければならないわけで、それがいやでねえ。ほんとうに。でも…、97年、ちょうど久米さんが夏休みを取られたとき、ダイアナ妃の事故がありまして、その時初めて「久米さん、もう少し休んでいればいいのに」と思ったんです。

●四家　それは、ダイアナ妃が亡くなるという衝撃的な事故があって、そのことをメインで伝えたいからですか？　それとも、そういう時期に来ていたということなのでしょうか？

●小宮　自分でも気が付かないうちに、機が熟していた、そういう時期が来ていたということなのかもしれません。39歳でした。それが一つの転機でした。98年に「ニュースステーション」を卒業し、夕方のニュース「スーパーJチャンネル」の担当になり、ようやく一人立ちすることになったわけです。

▼「ニュースステーション」で学んだこと

●四家　「ニュースステーション」後の小宮さんは、どのように仕事に向き合うのでしょう?

●小宮　久米さんから教わったことはいろいろありますが、夜10時と夕方5時とでは人間の生理は違うわけで、それを考えた番組作りをしなければという気持ちはありました。「ニュースステーション」は、報道番組ではあっても様々な番組から来たスタッフで作っていましたが、夕方ニュースは報道局全体で作る番組です。しかも、世の中は刻々と動いている時間帯でもあります。声の出し方も夜10時よりは少し張った声で、とかね。

●四家　「ニュースステーション」とは違うやりがいですね。

●小宮　はい、やはりメインMCというのは責任を持たなければいけないことがたくさんありますし、私はそういうのがいやではないので……、気持ちいいじゃないですか。自分で責任を取るというのは。

●四家　「ニュースステーション」の頃の言葉遣い、表現というのはそのまま踏襲したんですか?

●小宮　夕方は、動きが激しいのでそんなこと言ってられないです（笑）。でも、通り一遍の表現にはならないよう工夫しました。とにかく（報道局）みんなで勝つんだという気持ちでした。

●四家　小宮悦子の夕方ニュースはこう伝えるっていうような強い気持ちですか?

●小宮　ええ、そんなふうにしたかったですね。
●四家　その頃のテレビ朝日はどんどん視聴率が上がっていくイメージでしたが……。
●小宮　いえいえ、夕方のニュースの大型化を始めたのはテレビ朝日が最初なのですが、当時はまだ弱かったですね。
ニュースには大きくわけて、通常のニュースとブレイキングニュース（速報ニュース）がありますが、最初の頃はブレイキングニュースになると視聴率が落ちていたんです。視聴者からの信頼の問題だと思いました。それをなんとかしようとがんばっているうちに、いつしかブレイキングニュースになると視聴率が上がるようになったんです。これは一番嬉しかったですね。
●四家　それはすばらしい！
●小宮　でも、夕方2時間は長い。ローカル枠に移ったり、また全国版に戻ったり、どんどん情勢が変わったりもするから本当に忙しくて。私、時々頭から湯気を立てていたかもしれません（笑）。

▼放送の多様性

●四家　そのように小宮さんが「ニュースステーション」から「スーパーJチャンネル」とどんどん活躍の場が広がっていらっしゃる頃、いわゆる、女子アナブーム、もう今となってはブームでもないかな。30年ぐらい前から言われていますから。それまでの女性アナウンサーとはちょっと違う「女子アナ」と表現される存在が現れたことについて、どう思われます？

●**小宮**　本音で言うと、その現象じたいには興味ないですね。アナウンサーであろうとタレントであろうと、視聴者にとっては関係ないでしょう？　「女子アナ」って一種のタレント名なわけで。実際、それによってテレビが盛り上がった時代があったという見方もできますし。放送という枠の中での多様性の現れなんじゃないでしょうか。

それから、私個人のことでいえば「ニュースステーション」を担当したての頃、「アナウンサーという肩書を捨てろ。小宮悦子という中身で勝負しろ」とプロデューサーから言われたので、余計にそう感じるのかもしれません。それに、もともといわゆる「アナウンサー像」なるものが私の中にないということもあります。ただし、ニュースをきちんと伝えたいとは強く思っていました。どう伝えるかが大事なことだとも思いましたし、それによって、視聴者の方に考えてもらいたいという気持ちもありました。

●**四家**　まさにおっしゃる通りだと思います。ただ、私は、言葉使いについてあまりわかっていないし、勉強しない、する気もないと感じられる見かけがきれいなだけと思えるような「女子アナ」が出ているのはあまり心地よくは思いません。

●**小宮**　それは、「女子アナ」に問題があるんじゃなくて放送局の問題ですよね。それでいいと思って使う側は使うんですから。

●**四家**　もちろん、そうです。それで、放送のあり方ということでいえば、例を挙げると、私は見ていないのですが、今年（２０１８年）、テニスの全米オープンを制した大坂なおみ選手の帰国後の記者会見で、全くテニスに関する質問が出なかったそうです。日本語はどうやって勉強してるか?とか、日本で食べたいものは何か?とか……。質問者はワイドショー関連の人ばかりで「女子アナ」ではなかったようですが、そういうのってどうかな、という気はします。私はスポーツが主な仕事のフィールドなのですが、スポーツ中継でリポーター、インタビュアーなどを担当する「女子アナ」は、プロデューサーなりディレクターなりの用意した質問をただぶつけているように見えるケースが少なくありません。そういうのはちょっと気に入らないというのはありますね。もちろんそうじゃない「女子アナ」もいますが。

●小宮　たしかに指示通りに質問するだけでは足りないと思います。

●四家　……というような意味で、最近の放送、キチンと伝えようという意識が欠けてきているという気がするんですが、小宮さんはどう思われます?

●小宮　そう感じられます?

●四家　ええ、スポーツでは、サイドネタというういわゆる、本筋から離れた話題が多すぎるような気がします。もちろん、正面からスポーツをとらえるばかりではつまらないと思いますが、先ほど例に挙げた大坂なおみ選手の会見では、それがワイドショーであってもまずは全米オープンで優勝する、セリーナ・ウイリアムズに勝つことがどういうことなのか、つまり「全米オープン優勝」について大坂選手自身に答えてもらって伝えるのが最も大切なことだと思いますが、そういう意識が欠けていると思います。

▼メディアとしてのテレビは、まさに過渡期

●**四家** ところで、小宮さんは視聴者としてはどのような番組をご覧になりますか？

●**小宮** ニュースはライヴで観ますが、あとはドキュメンタリー、ドラマ、サッカー中継など録画して観ることが多いですね。サッカー好きなんで（笑）。いわゆるニュース番組でないほうが、私の好奇心には応えてくれますね。この間、マルクス・ガブリエルというドイツの哲学者が出ていて「日本の社会は構造的に抑圧的だ」という話をしていて、大変面白かったですね（ＮＨＫ・ＢＳ１「欲望の時代の哲学」）。テレビはつまらなくなったといわれますけれど、毎日発見があって、おもしろいものもたくさんあると思います。テレビはまだまだ〝宝庫〟なんですよ。筑紫哲也さんがおっしゃってました。テレビは川のようなメディアだと。川上から川下までいろいろなものが流れている。その多様性がテレビだと。だから面白いのもつまらないのも、いろいろあっていいんですよ。それに、つまらないものからだって学べるんですね。「どんなものからも学べる」というのは、久米さんの口癖でした。

●**四家** では、テレビにはどういう可能性があると考えていらっしゃいます？ ネットの時代になってきて、われわれの20代の頃と今の20代とではテレビに対する見方は全然違うと思いますが。

●**小宮** メディアとしてのテレビは今、まさに過渡期だと思いますね。テレビは時間に縛られるメディアですが、ネットはそんなことないですから。それに今、働き方改革といわれていますが、テレビで〝働き方改革〟となったら、ＡＤさん（アシスタントディレクター＝少なくとも今までのテレビ

の番組制作の歴史において雑務をこなす絶対に必要な存在、過剰な労働にならざるをえない）の仕事をどうやって分担するのか。番組の作り方も変わっていかざるをえないでしょうね。

そして、若い人たちがネットを見る、信じるというのも事実でしょう。それに対してテレビは免許事業ですから、当然規制も多い。となると、テレビの中の人達が、そのような状況下で、何か新たな試みを立ち上げようと思えるかどうか。テレビはチームワークなので、志というか、野望というか、反骨というか、そういうものをもった人達がチームとして立ちあがってくるかどうかに、これからのテレビはかかっているんじゃないでしょうか。

▼昭和33年生まれは「恵まれた世代」

●**四家** 改めて、小宮さんはザーッと、これまでの60年を振り返るとどうですか?

●**小宮** いやぁ、楽しい人生だったんじゃないですか。恵まれた世代ですよね、昭和33年生まれは。わたしたちは、世の中が浮揚していく、豊かになっていく感じを体感しているでしょう。ウチなんか幼い頃は長屋だったし。

●**四家** ウチも貧しかったですよ。われわれが子どもの頃、高度経済成長でしたし、当然のことながら、世の中にエアコンなんて普及してないですもんね。

●**小宮** ないですよ～（笑）、テレビは押し入れの中にあって、布がかけられて……。

●**四家** そうそう、「モノクロ」じゃなくて「白黒テレビ」ですね。

●小宮　みんなで正座して観るみたいな。あの頃のワクワクする感じ、今はないかなあ。
●四家　小宮さんは、社会に出られてからもいいお仕事をされての60年と考えていいですか？
●小宮　私の場合、「ニューステーション」「スーパーJチャンネル」とほんとうに全力で走った時代があるし、走った甲斐もあったですし、だから達成感もありますよね。いくつか、私生活上は後悔もありますが（笑）。それも含めて、いい60年だったと思いますよ。人から言われる評価ではなく、自分の中での評価もありますから。そんなに人間、全力で走り続けられるものではないと思いますので。もう、いつ終わっても大丈夫です（笑）。
●四家　そんなことおっしゃらないでください（笑）。
●小宮　私が、ニュースが好きだというのは、この時代の中で、どうやって生きていくかを考え続けることが好きだからです。人も社会も、どうあるべきかを考え続け、問題をどうやって解決するか、ということも考え続けています。
●四家　とにかく、いつ終わってもいい、じゃなくて、小宮さんはまだまだこの世の中で貢献していってほしい方です。
●小宮　ありがとうございます。
●四家　これから、どんな生き方を？
●小宮　それを探しているところ、いろいろと考えているところです。趣味はたくさんあってそれだけで人生終えられるくらいですが、それだけではちょっと……、何かもう一つくらい世の中のお役に立てるようなことをしたいかなと、でもまだ見つけられないですね。

●四家　趣味だけだと、〝たそがれ〟ちゃったりしませんか。

●小宮　えっ⁉　それは型にはまった考え方ですよ。「昭和33年」組は、そういう考え方をやめましょうよ。

これからいわゆる仕事をしないで生きていく人たちが増えていく時代です。仕事をしなくても、全然〝たそがれ〟ないで豊かになっていく人達が大勢います。ですから、これから生きていく上では、型にはまった考え方になっていないかどうかを、まず自問することが大事だと思いますよ。そうした生き方を示していかないと、後に続く世代も窮屈なんじゃないでしょうか。保守にもリベラルにも全部にあてはまると思いますね。先ほどおっしゃった「女子アナ」についてもそうです。今までのいわゆる正統的なアナウンサーという考え方からすれば、その存在は異端なのかもしれませんが、テレビの出演者という枠で考えれば多様性の一つですよね。

日本が「高度に抑圧的な社会」だってことはよくわかります。就活でも、なぜみんなそろって黒いスーツでひっつめなのか。電車のなかはなぜみんなスマホで、だれも不機嫌そうなのか。どうしてそういう社会なのか、考えたほうがいいですよね。そしてできれば、そういうところから抜けたいと思うんですね。そのためには、窮屈な考え方を頑張って脱いでみる勇気が必要なんじゃないでしょうか。

●四家　私もそれは心掛けているつもりなんですが。今後、より心掛けなければいけないですね。

▼人の人生は時間の長さじゃない

●小宮　私は、世の中、人間だけで成立しているというような人間第一主義的な考え方もあまり好きではありません。「人間、奢るなよ」ということも思います。例えば近年の気候変動。

●四家　人工的なことが背景にあると考えるのが普通ですよね。

●小宮　日本中どこも、被災地になるリスクを抱えています。それから感じるのは、この国の政治が〝あの戦争〟以来、人の命を重んじるようになっているんだろうか、ということですね。「ニュースステーション」では、久米さん、私、スタッフ、つまり番組全体で、戦争反対は、ずーっと根底にあって放送を続けていたように思います。でも、この国、最近、ちょっと危なっかしいかなぁって思いますよね。

●四家　われわれの世代の親は例外なく戦争を経験していて、それをわれわれは伝え聞いています。戦争がいけないというのはあたりまえのことなんですけどね。

●小宮　しかも、あの戦争では、日本兵の多くは戦闘以外で死んでいる。餓死、疫病、その苦しみから逃れるために手榴弾で自ら命を絶ったり……。そういうことを伝えるテレビ番組もたくさんあります。たとえば2017年NHKの「インパール作戦」のドキュメンタリー（「戦慄の記録インパール」）は、何度観たことか。戦争のドキュメンタリーは、民放、NHKを問わず、これからもちゃんと作って、後世に伝えていってほしいですね。映像の力ってやっぱり大きいですから。8月15日が何の日か知らない人たちもどんどん増えている。伝えていかないといけないでしょうし、まだまだやらなければならないことは私たち、たくさんあるという気はします。

●四家　やりましょう。私もがんばります。最後に、われわれ世代の象徴である山口百恵さんについて。彼女の引退のとき、小宮さんはどう思いました？

●小宮　マイクを置いていった、あの引退ですよね。覚えていますが、早い人生だなあと思いました。私たちがまだ社会に出る前ですよね。

●四家　そうです。

●小宮　あれはつまり、「マイクを持たない」人生を選び取る覚悟、その決意表明だったんだと思います。そしてその通り実践しておられる。安室奈美恵さんもそうですね。私たちには到底まねできませんが、人生は時間の長さじゃないんだということを肝に命じて、せめてあんまりみっともなくならないように、自分自身を生きて行きたいと思います。

年		年齢	歴史	総理大臣
1989	S64 H1	31	昭和天皇死去／消費税スタート／中国、天安門事件／独、ベルリンの壁崩壊	宇野宗佑 海部俊樹
1990	H2	32	イラク、クウェートへ侵攻／東西ドイツ統一	
1991	H3	33	バブル経済崩壊、地価下落「平成不況」／湾岸戦争／ソ連崩壊	宮沢喜一
1992	H4	34	大学入試センター試験始まる	
1993	H5	35	非自民連立政権誕生	細川護熙
1994	H6	36	自・社・さ連立政権／松本サリン事件	羽田孜 村山富市
1995	H7	37	阪神・淡路大震災／オウム真理教による地下鉄サリン事件	
1996	H8	38	自民党、政権復帰	橋本龍太郎
1997	H9	39	三洋証券倒産／北海道拓殖銀行破たん／山一證券自主廃業／香港、中国に返還／アジア通貨危機	
1998	H10	40	北朝鮮、テポドン発射実験	小渕恵三
1999	H11	41	周辺事態法、国旗・国歌法、信傍受法 (盗聴法) 成立	
2000	H12	42	携帯電話台数が固定電話を抜く／大店法廃止	森喜朗
2001	H13	43	中央省庁再編／小泉首相登場／米で同時多発テロ／米、アフガニスタン空爆	小泉純一郎
2002	H14	44	小泉首相、北朝鮮訪問、拉致被害者５人が帰国	
2003	H15	45	欧州連合（EU）誕生／イラク戦争	
2004	H16	46	自衛隊、イラク人道復興支援のためサマワ入り	
2005	H17	47	郵政民営化関連法成立／中国各地で激しい反日暴動	
2006	H18	48	第一次安倍内閣／イラクでフセイン死刑執行／北朝鮮、地下核実験	安倍晋三
2007	H19	49	「格差社会」論議／「消えた年金」問題	福田康夫
2008	H20	50	株価、バブル崩壊後最安値を更新／リーマン・ブラザーズ破産（リーマンショック）、世界同時不況へ	麻生太郎
2009	H21	51	民主党に政権交代	鳩山由紀夫
2010	H22	52	鳩山内閣辞職／尖閣諸島中国漁船衝突事件	菅直人
2011	H23	53	東日本大震災、東京電力福島第１原子力発電所事故／エジプト、アラブの春／米軍、ウサーマ・ビン・ラーディンを殺害／リビアでカダフィ大佐処刑	野田佳彦
2012	H24	54	自民党、政権復帰	安倍晋三
2013	H25	55	2020 年夏季オリンピックの開催都市が日本の東京に決定／特定秘密保護法、成立	
2014	H26	56	沖縄県知事に翁長雄志	
2015	H27	57	安全保障関連法、成立／パリで同時多発テロ事件	
2016	H28	58	熊本地震／英、国民投票でユーロ離脱決定／米国大統領にトランプ	
2017	H29	59	安倍首相をめぐる「森友・加計」問題発覚	
2018	H30	60	オウム真理教事件死刑囚に刑執行	

「昭和33年」生まれ60年史

年		年齢	歴史	総理大臣
1958	S33	0	東京タワー完成／１万円札発行／インスタントラーメン誕生	岸信介
1959	S34	1	少年誌『少年サンデー』『少年マガジン』創刊	↓
1960	S35	2	日米安保条約改定、安保闘争／国民所得倍増計画決定	池田勇人
1961	S36	3	ベルリンの壁できる	
1962	S37	4	キューバ危機	
1963	S38	5	ケネディ大統領暗殺	↓
1964	S39	6	東京オリンピック開催／東海道新幹線開業	佐藤栄作
1965	S40	7	ジャイアンツＶ９の始まり／米、ベトナムで北爆	
1966	S41	8	ビートルズ来日でＧＳブーム／中国で文化大革命	
1967	S42	9	2.11 初の「建国記念の日」／ベトナム反戦運動拡がる	
1968	S43	10	全国の大学で「紛争」／新宿騒乱事件／チェコ「プラハの春」にワルシャワ機構軍が侵攻	
1969	S44	11	東大安田講堂の封鎖解除／人類の月面着陸	
1970	S45	12	日本万国博始まる／日航「よど号」ハイジャック事件／日米安保条約の自動延長／三島由紀夫事件	
1971	S46	13	ドルショック／中国国連復帰	↓
1972	S47	14	連合赤軍、浅間山荘事件／ニクソン大統領訪中／田中首相、訪中、日中国交正常化合意／沖縄県本土復帰	田中角栄
1973	S48	15	石油ショック、狂乱物価	↓
1974	S49	16	田中首相、金脈問題で辞任	三木武夫
1975	S50	17	ベトナム戦争終結	↓
1976	S51	18	ロッキード事件で田中前首相逮捕	福田赳夫
1977	S52	19	文部省「君が代」を国歌と規定	↓
1978	S53	20	日中平和友好条約調印	大平正芳
1979	S54	21	米中国交樹立／ベトナムがカンボジアに侵攻／イラン革命／中越戦争勃発／第２次石油危機／米、スリーマイル島原発事故／イラン、米大使館人質事件／ソ連、アフガニスタンに侵攻	↓
1980	S55	22	韓国、光州事件／イラン・イラク戦争	鈴木善幸
1981	S56	23	第２次臨調（会長土光敏夫）／パリ人肉事件／ロス疑惑事件	↓
1982	S57	24	５００円硬貨登場	中曽根康弘
1983	S58	25	初の比例代表選挙（参院選）	
1984	S59	26	グリコ・森永事件	
1985	S60	27	中曽根首相、戦後政治の総決算を主張／日航ジャンボ機墜落／プラザ合意	
1986	S61	28	男女雇用均等法／ソ連でチェルノブイリ原発事故	↓
1987	S62	29	国鉄分割・民営化	竹下登
1988	S63	30	リクルート疑惑発覚	↓

参考：『明日がわかるキーワード年表』（細田正和・片岡義博、彩流社）

四家秀治（よつや・ひではる）
1958年8月18日千葉県松戸市出身。同志社大学工学部卒。
RKB毎日放送からフリーを経てテレビ東京アナウンサー、2011年7月から再度フリーとなる。スポーツ全般と麻丘めぐみさんをこよなく愛する実況アナウンサー。主な著作は『西本阪急ブレーブス最強伝説』（言視舎）、『スポーツ実況の舞台裏』（彩流社）など。

装丁………佐々木正見
イラスト………工藤六助
DTP制作………REN
編集協力………田中はるか

ぼくら「昭和33年」生まれ
「同級生」集合、みんなの自伝

発行日❖2018年10月31日　初版第1刷

著者
四家秀治

発行者
杉山尚次

発行所
株式会社言視舎
東京都千代田区富士見2-2-2　〒102-0071
電話03-3234-5997　FAX 03-3234-5957
http://www.s-pn.jp/

印刷・製本
モリモト印刷（株）

©Hideharu Yotsuya, 2018, Printed in Japan
ISBN978-4-86565-131-7 C0036